Türme sind Träume

Türme sind Träume

Der Killesbergturm von Jörg Schlaich
Mit einem Essay von Christoph Hackelsberger

avedition

Inhalt

174

Der Killesbergturm hat 174 Stufen aufwärts
und ebensoviele abwärts

Christoph Hackelsberger

Über die Schwere hinaus und ins Weite sehen –
Türme sind Träume

Verloren im Raum, mit einer Sicht auf den blauen Planeten Erde,
die nicht einmal in den versponnensten Sagen vorauszuahnen war,
kreisen die technisch vollkommensten Artefakte der Schüler des
Prometheus. Noch vor einigen „Weltminuten" der Entwicklungs-
geschichte hatte der Mensch eben die Fertigkeit erlangt, aus
Feuerstein Pfeilspitzen zu schlagen, die sich, wenn der Bogen gut,
der Pfeil wohlgeschäftet und der Schütze geübt waren, gegen
vierhundert Ellen hoch ins Blaue schießen ließen.

Höher hinaus, nach oben, ins Weite, das waren Träume des Menschen; sie sind es geblieben. Nur die Mittel haben sich verändert durch Nachdenken und Kunstfertigkeit.

Turm-Qualitäten Natürlich ergaben sich im Wandel gänzlich neue, revolutionäre Qualitäten. Man nimmt sie für gewöhnlich hin und wundert sich erst, wenn man in der Hast des arroganten Alltags einmal neben das scheinbar Selbstverständliche tritt, in ein naives Staunen zurückfindet und fragt, ob denn so viel wirklich Neues abgefallen sei, nicht was Bewältigung angeht – nur ein Narr könnte den Fortschritt leugnen –, sondern an Aussicht, Übersicht und Einsicht, an Blicken, die zu Erkenntnis führen.

Alle drei Sichten bedürfen einer gewissen Ruhe, des wiederholten Hinsehens, auch des sich Abwendens, um das obenhin Gesehene zu bedenken, das ohne Reflexion gar nicht richtig einzuordnen ist, da man bekanntlich unendlich viel sieht, weit weniger erkennt und zuletzt, das ist die Wirklichkeit, das wenigste wertend in die Reihe bringt.

Sicherlich kommt es heute, bei vorgeblich globaler Synchronisation, darauf an, Synopse zu gewinnen mit der hohen Gleichzeitigkeit, der wir uns bis zur Handlungsunfähigkeit anheimgeben. Eben deshalb haben wir fast alles delegiert, was mit weiten Übersichten zu tun hat, werden versorgt mit Datenmengen, die alles so aussehen lassen, als hätten die Produkte unserer Intelligenz aus 30.000 Meter Höhe die Marginalität unserer Nöte konstatiert. Und so beschreiten wir gänzlich andere Gedankenwege als unsere türmebauenden Ahnen, für die der Turm die höchste Künstlichkeit war und das Artefakt schlechthin, wenn wir reale Türme bauen, um zu Überblicken zu gelangen.

Warum
Turmbaukunst? Wie alt ist die Turmbaukunst? Was bewegt den Menschen, Türme zu errichten? Der erste Turm der Vorgeschichte, von dem wir wissen, hat sich in Jericho, der ältesten Stadtsiedlung der Welt, um 7.500 vor unserer Zeitrechnung erhoben. Ein massiver Rundturm war dies, aus Steinen gefügt, da er an wichtigster Stelle der Stadtbefestigung errichtet wurde. Er diente zur Deckung und bot durch eine steile Stiege in seinem Innern Zugang zu jener Quelle, welche zunächst einem Nomadenlager, dann einer offenen Siedlung und wenig später eben Jericho, der ältesten uns bekannten Stadtsiedlung, Wasser in Fülle hervorbrachte.

Dieser runde Jericho-Turm, heute nach Grabungen nur noch in seiner Basis sichtbar, für uns ein Ur-Ereignis, ist sicher nicht gerade dort erdacht worden. Die Quintessenz von Turm, was an sublimer Deutung zwischen Religion, symbolischer Sexualität und positivistischen Nützlichkeitsnachvollzügen man auch immer wählen mag, ist die Überhöhung, das Darübergelangen, die Verlegung des menschlichen Augpunkts über jene vier bis allenfalls sechs Fuß Höhe über den Standort hinaus. Diese Überhöhungen mag man wieder, je nach Gemütslage und Gusto, ganz wörtlich oder auch transzendiert verstehen.

In Jericho ging es zunächst darum, Überblick zu erreichen über den Umgriff der Stadt, welche mit ihrer Quelloase allerhand Begehrlichkeit erweckt haben mag, dann um Unterscheidung, ob sich Nähernde als Freunde oder Feinde einzuschätzen seien. Waren sie als Feinde erkannt, so ging es zuletzt um nichts mehr als um simple physikalische Überhöhung. Ist es doch viel ertragreicher, eine Quelle zu verteidigen, welche am Fuß einer natürlichen oder auch künstlichen Höhe liegt, als das gleiche in der Ebene oder, was die Verhältnisse absurd umkehren würde, aus dem Tal hangaufwärts zu versuchen.

Höhe, Überhöhung, ja, das ist ein erstaunliches Phänomen dieser bald auch ethisch und moralisch wirkenden Grundlage der Standpunkte, die den Menschen ganz früh als überaus nützlich aufgefallen sein muß.

Allerlei Höhen   Wer im Gebirge aufgewachsen ist, nimmt das nicht besonders wahr, kennt nichts anderes als jenes Dabeisein, wenn man sich erst die Mühe gemacht hat, hinaufzugelangen. Ist das jeweilige Ende der Welt, die Gegend flach, so ist jedes, auch das geringfügige Überhöht-Sein durch menschliche Kunst und Leistung ein bisweilen geradezu schockierend eindrückliches Erlebnis.

Aber auch die Natur wartet mit solchem auf. Steilwände verdeutlichen dies, selbst für den Höhenflug gewohnten, total manipulierten Menschen noch heute. Einst vor Jahrzehnten Fluggast in dem klapprigsten Schulungsfluggerät, das der Zweite Weltkrieg hinterlassen und in die Schweiz gespült hatte, flogen wir auf gerade fünfzehn oder zwanzig Meter über den Bürgenstock, um dann das Erlebnis der Höhe am Steilabsturz zum Vierwaldstätter See zu haben. Dies ließ alle Türme hinter sich. Es war so, als bräche die Erdkruste weg, da die blaue Dunstigkeit des Wassers tief unten bodenlos erschien. Doch das war nicht alles.

Unter bestimmten Umständen warf manchmal die Thermik der Felswand unser Spielzeug aus Rohren und Leinwand, wie uns schien, vertikal in die Luft.

Überhöhung also und nicht, als hätte man diese nicht gesucht. Andere Erlebnisse: Der Münsterturm in Freiburg mit seiner oktogonalen, geländerlosen Plattform auf rund sechzig Meter Höhe und der saugenden Tiefe des Münsterplatzpflasters, ein Code der Erinnerung, der jedesmal in aller Präzision auftaucht, wenn Höhe im Spiel ist.

Dann die erreichten modernen Höhen, deren Höhe man nur statistisch gewahr wird, sozusagen angelesen, vom Eiffelturm über das Hancock Building, geradezu nichts an Wirkung gegen das Besteigen eines zu renovierenden barocken Kirchturms, dessen letzte zehn Meter des Außengerüsts bis zur Turmspitze nur noch über eine zwischen zwei ins Leere ragenden Gerüstrohre montierte, etwa zehn Meter lange Aluminiumleiter zu bewältigen waren.

Türme – ein ganzes Ressort der Erinnerung. Man möchte meinen, daß sie Menschen nie unberührt lassen. Seit Jericho werden sie geliebt und gefürchtet. Sie sind eine Art begleitender Bewährungsproben.

Türme
der Kindheit

In meiner Kindheit spielte der Aussichtsturm der Hohen Möhr, oberhalb Hausen im Wiesental, dieser beherrschende Zeigefinger, eine wichtige Rolle. Die Türme der Ruinen Bärenfels, Rötteln und Badenweiler waren unvergeßliche Ausflugsziele. Das rostige Kreischen der Blechtürangeln der vom Burgenverein aufgesetzten Treppenschutzhauben in Bärenfels und Badenweiler höre ich über die Jahrzehnte hinweg.

Türme – man bewegt sich, teils schaudernd, denn die in manchen ehrwürdigen Gehäusen angebrachten Treppen und Leitern entsprechen in nichts der ewigkeitsverheißenden Stabilität des Gemäuers, nach oben. Man kennt ihre Geschichten, die wahren und die falschen, bedauert die in den Untergeschossen der Bergfriede verhungerten Gefangenen und meint noch das faulige Stroh zu riechen. Die Achtung vor Türmen ist eine Urachtung.

Das alles ist Erinnerung. Heute kreisen Restaurants um die hohen Schäfte der Fernsehtürme, welche man einst, als das Medium noch auf eine gewisse Weise jungfräulich war, für nützlich halten konnte. Doch schon das Kreisen der Restaurants war ein Denk-fehler, ein Verstoß gegen den Sinn des Turms. Türme wollen begangen sein, will man die Höhe erleben, und sie stehen fest. Wer den Rundblick sucht, soll sich auf eine 360 Grad-Wanderung begeben. Ein Turm ist keine Maschine.

Schwingen, Verweilen

Ein anderes Turmphänomen ist hohen Turmwerken statisch immanent. Sie schwingen. Wie auf einem Schiff in schwerer See befindlich fühlt man sich, wenn man beispielsweise auf den Kirchturm der Wallfahrtskirche des Heiligen Bergs Andechs steigt und unversehens hartböiger Wind aufkommt. Der nicht einmal besonders hohe Turm, eine großartige Zimmermanns-konstruktion im letzten Drittel, insgesamt hoch über der Um-gebung gelegen durch Überhöhung des Kirchbauwerks, hat eine Amplitude von fast drei Metern. Von dort aus einen Punkt in der Umgebung zu fixieren, wenn das System unter Winddruck ächzend in Aktion ist, gehört zu den unvergeßlichen Erlebnissen der Erkenntnis von Relativität.

Dazu gehört unverzichtbar das Verweilen, das Zeithaben in solcher Situation, die Möglichkeit, den Turm zu begreifen, die eigene Situation verstehen zu lernen und auch ein zunehmendes Vertrauen zu gewinnen in den Turm und seine Eigenschaften.

Man hat Türmen, schon jenem in Babylon, über den wir einseitig genug von neidigen Hintersassen der Babylonier unterrichtet worden sind, unterstellt, sie seien aus Hybris errichtet worden und hätten, eine wunderbare Parabel für ein Bauwerk, die sprach-liche Verwirrung der Welt im Gefolge gehabt. Weit gefehlt, nichts als üble Nachrede Unverständiger.

Macht durch Distanz

Wenn man den Göttern, die man zu beschwichtigen suchte, um sie zu manipulieren, mittels Turm hätte nahetreten wollen, so hätten die jeweiligen Mittler, die Priesterschaften, die Welt und vor allem die Funktion des unbetretbaren Himmels nicht recht verstanden. Es ging immer darum, sich über die Infrage-stellung hinauszubringen, zu überhöhen, im religiösen Fall einen eminenten Ort zu schaffen, um dort als Mittler zwischen oben und unten zu wirken, vor allem aber immer um Überhöhung, um die Wirkung von oben nach unten.

Türme waren einst Distanzmittel, etwa ebenso wie Pferde. Die Rolle des Berittenen gegenüber dem zu Fuß Gehenden oder Kämpfenden war jene des von oben nach unten Wirkens.

Die gesamte Feudalität aller Länder und Rassen hat sich derart etabliert, da noch die Geschwindigkeit des Wirkens in der Horizontale hinzutrat. Derartiges wirkte über Jahrtausende, scheiterte dann im Ernstfall am Bruch der Spielregeln und wirkt weiter darüber hinaus als Mißverständnis bis heute.

Türme bedeuteten Herrschaft, Unnahbarkeit, Überlegenheit und auch rechtzeitige Erkenntnis — alles in allem Hoheitsvorteil in jeder Hinsicht. Wir wollen nun gar nicht die Vielzahl der Turmanwendungen zwischen Tempelberg, Verteidigungs- und Ausblicksturm, Wahrzeichen einer selbständigen, religiös organisierten Bürgerschaft, Seezeichen, Signalträger und Ort massierter Kampfkraft aufschlüsseln. Die Beispiele sind unzählig und fester Bestand der Kulturgeschichte. Dort sind sie in ihrer Bedeutung mindestens ebenso wichtig wie Heiligtümer, unvergeßlich und zuletzt Überwindung menschlicher Erden-schwere, erreicht durch stufenweise Wegesverlängerung, Überlistung der Schwerkraft durch Leiter, Treppe und Rampe.

Wichtigkeit des „Oben" An dieser Stelle ist noch ein wichtiges, heute aufgekommenes Mißverständnis aufzuklären. Für Türme gilt die Wichtigkeit des Oben. Der Schaft ist Vorbereitung des Erlebnisses der Höhe. Hohe Häuser, stockwerksweise Schichtungen, sind nach dieser Definition keine Türme, da nicht nur das Oben zählt, sondern die jeweilig erreichte Ebene ihre eigene Wichtigkeit hat. Die Pagode ist kein Turm und das World Trade Center ist keine Doppelturm-anlage, sondern eben die Doppelung eines gewaltig hohen Hauses. Nichts, was addiert ist in Nützlichkeit, hat die Würde eines Turms. Das gehört zur Philosophie dieser Hervorbringungen, daß sie Träger sind für die gewünschte, erdachte Hervorgehobenheit, des Oben.

Früher, als die Landesvermessung noch nach traditionellen Methoden arbeitete und Blickbeziehungen benötigte, ohne Luft-bildvermessung, Laser oder gar Satellitenortung, errichtete man auf hohen, unverstellten Bergkuppen Vermessungstürme. Es waren nüchterne Gestelle aus Stahl, manchmal aus Holz, und nur ihr Oben zählte und der per Lot zu ermittelnde geometrische Ort am Boden.

Wie oft sind wir als Schüler auf den Roßkopfturm bei Freiburg gestiegen, der damals alle Fichtenwipfel hoch überragte und die Sicht zum Feldberg und zu den Belchen, zum deutschen und elsässischen, ermöglichte. Und wir hatten erzählen hören von den Fernwarten, riesigen Holztürmen hinter der Westfront des Ersten Weltkriegs, die trotz Aufkommen der Luftbildaufklärung und trotz der Fesselballone die genauesten Überblicke ergaben über das unsinnig mörderische Geschehen, dem man sich, so erzählten die Beobachter, dort oben bis zum Unverständnis entrückt sah.

Die letzten kriegerischen Türme

Vom Turm einer Flugwarte, das gab es noch zu Beginn des Zweiten Weltkriegs, habe ich zum ersten Mal in meinem Leben ins überglaste Cockpit eines Flugzeugs, eines französischen Aufklärers, der im April 1940 rheinaufwärts längs der Schweizer Grenze im Tiefflug flog, gesehen. Später dann ragten die riesigen Flaktürme auf, mit ihren Artilleriedecks und -balkonen, welche entgegen aller Tradition ihrer Gattung nicht nach unten wirkten, sondern nach oben gegen jene Angreifer, die endgültig alles Gebaute überhöhten und Türme scheinbar zunichte machten: die Flugzeuge.

Mit solcher Sinnumkehr hätte die Geschichte des Turms eigentlich einen Abschluß gefunden haben können, aber der Mensch trennt sich nicht von seinen Träumen, vor allem nicht von solchen, die weltweit zu Hunderttausenden als sinnlich erfahrbare Zeichen aufragen in eine Zeit hinein, die zwar alles zu kennen scheint, aufzeichnet und abbildet, aber immer weniger begreifbare Vorstellung bewirkt.

Turm als Zeichen

Türme haben, selbst wenn sie in der klassisch griechischen Architektur nicht vorkamen und damals in den Bereich der Poliorketik, also des militärischen Angriffs und der Verteidigungstechnik gehörten, stets überragende Zeichenwirkung gehabt für den aufrechten Gang des Menschen. Sie sind, nachdem viele Religionen Berge aufgetürmt haben, Zikkurate, Pyramiden, Stupas, als schlanke Türme zu Zeichen für die Anwesenheit von Gotteshäusern oder Bethäusern geworden, bald ausgerüstet mit den akustisch weitestwirkenden Klangmaschinen, den Glocken, oder Standorte der Rufer, Verkünder von Zeit und Gebetsstunde wie im Islam.

Es sind vor dem Beginn des technischen Zeitalters Wunder an Türmen gebaut worden, wobei mit dem Begriff „Turm" so streng umgegangen werden sollte, daß der legendäre Turm zu Babel aus dem 6. vorchristlichen Jahrhundert, der sich auf einer Basis von 91 x 91 x 33 Meter in sechs ungleichen Stufen auf 79 Meter erhob, seinen Turmanspruch verliert.

Wirkliche Türme sind schlank, selbst wenn sie von gedrungener Schlankheit sind. Alle Künstler, die den babylonischen Turm darstellen, haben dies durch Verfälschung bestätigt, indem sie einen richtigen Turm ausdachten und diesen für den babylonischen ausgaben.

Unterschiedliche Turmkulturen

Da war das Turmweltwunder, welches nicht durch üble Nachrede in die Literatur gelangt ist, sondern durch Bewunderung: Der Leuchtturm der Millionenstadt Alexandria auf der Insel Pharos vor dem Hafen. Erbaut wurde er in memoriam Alexanders des Großen, der den Turm zu Babel gern erneuert hätte, zuvor aber ebendort 323 starb, von Sostratos und Ptolemaios I. und II. zwischen 305 und 280, ein tatsächlicher und gewaltiger Turm. Er stand bis 1326, als der Welt höchster Steinturm mit 140 Meter Höhe, rund 1606 Jahre lang; dann zerstörte ihn ein Erdbeben; nichts ist ewig.

In den Landstrichen der mittelmeerischen Baukunst haben Türme, das sei mit allem Respekt gesagt, gemessen an der Romanik und Gotik Frankreichs und Deutschlands, eher dienende Funktion erlangt. Grandios wurden sie in beiden Ländern als Zeichen der Klöster, Kirchen, Dome, Kathedralen und bürgerlichen Münster.

Eine wohl ebenso bemerkenswerte Turmkultur gehört zum Islam, dessen Baumeister antike Turmkonstruktionen für die eigenen religiösen Zwecke kongenial fortgeführt haben. Das Minarett von Samarra (836 – 852), ein ebenso wuchtiger wie dynamischer Ziegelbau mit spiralförmiger Rampe, ist die wohl lapidarste, beeindruckendste Turmarchitektur, die je erfunden wurde. Die islamische Architektur hat ihren Türmen, den Minaretts, bisweilen die Schlankheit von Kristallnadeln gegeben und so besonders glückliche Verhältnisse von Durchmesser und Höhe erreicht. So steht die Sultan-Ahmed-Moschee auf ihrer Anhöhe über Istanbul wie eine verzauberte Raketenstation, welche großartig weit über die Welt hinaus ins Paradies weist.

Es kommt nicht von ungefähr, daß uns heute die Schlankheit der islamischen Türme, ihre Art, auf fast elastisch wirkenden Schäften kunstfertig aufgesetzte Kronen der Verkündigung zu tragen, so anspricht. Auch wir bauen solche Türme, leider meist unvergleichlich viel gröber, und für sehr relative Wahrheiten.

Ästhetische Traditionen Als der gemauerte Turm der Höhe nach an seine Grenze geriet, wurde er vom Fachwerkturm abgelöst. Damals verschwand die Massivität der Türme zugunsten der Silhouette, der Transparenz der einzelnen Stäbe, welche die unterschiedlichen Kräfte aufnahmen und in die Knotenpunkte ableiteten. Das muß eine neue und schockierende Erfahrung des Turmsehens gewesen sein, welche auch durch die hochgotische Kunst, den Stein filigran zu bearbeiten – dies geschah ja in Anlehnung an die Goldschmiedekunst – nicht recht vorbereitet war. Diese vom Eiffelturm sogleich mit einem unerhörten, dazu gestaltungssicheren Paukenschlag eröffnete Tradition der Fachwerktürme hat in den gewaltigen, imaginäre Krafttrassen in die Luft hebenden Hochspannungsmasten eine der schönsten, reichlichsten, dazu noch in Serie auftretenden Verwirklichungen gefunden.

An die Gitter-Gefechtsmaste der amerikanischen Schlachtschiffe der Generation von 1920 erinnern die zwei Hochspannungstürme, welche die 1,6 Kilometer weit spannende Freileitung für die Insel Cadiz über die Bucht heben. Die Einsicht in ihre „Turmhelme" von unten ist von einer Schönheit, die an jene in den Turmhelm des Freiburger Münsters erinnert.

Eine gänzlich andere Tradition nehmen die modernen Stahlbetontürme des Fernmeldewesens auf, jene des Rohrs. Schon frühe italienische Türme, etwa der in Classe bei Ravenna, waren fast schmucklos gemauerte, leicht konisch verlaufende Rohre. Auf diese Weise wurden alle Industriekamine errichtet, bis die neue Technik des Stahlbetonbaus rationeller, sparsamer und statisch besser definierte Türme leisten konnte. Sie alle sind Rohre. Die Plastizität des Werkstoffs verbunden mit moderner Gleitschalungstechnik ermöglicht eine Geschmeidigkeit der Gestaltung, die bei den besten Beispielen zu großer ästhetischer Prägnanz geführt hat. Weniger gelungen sind dann leider nicht selten die unvermittelt fast aufgespießt wirkenden Rundkanzeln, Plattformen, Gondeln und was immer man mehr mit den Verdickungen im obersten Bereich der Schäfte assoziieren mag.

Inzwischen gibt es eine Reihe rekordverdächtiger Fernmelde-
türme, was Höhe anlangt. Ästhetisch sind sie bis auf ganz wenige
jedem sorgsam gemauerten Minarett um vieles unterlegen.

Funktionen Eine ganz andere Funktion haben riesige, gewaltige Flächen auf-
weisende Kühltürme. Da bei den modernen Energieprozessen
im Großmaßstab enorme Mengen an nicht prozeßgebundener
Wärme anfallen, welche durch Kühlung abgeführt werden
müssen, entsteht das Problem, wie dem Kühlmittel Wasser rasch
Wärme entzogen werden kann. Der Lösung verdanken giganti-
sche Kühltürme ihre Existenz. Sie stellen eine abstruse Umkehrung des Turmgedankens dar. Wichtig sind nämlich weder
Ausblick noch Höhe, sondern vor allem maximierte Innenwand-
flächen des Turmgefäßes, auf die das zu kühlende Wasser aufge-
sprüht werden kann, um dann seine Wärmeenergie an Wandung
und den aufsteigenden Luftstrom abzugeben. Auf einmal werden
Thermodynamik und Aerodynamik zur entscheidenden Erzeu-
genden des Turms.

Die interessantesten dieser Kühltürme, die eigentlich Gefäße
sind, bestehen aus Masten, die ein über ausgesteifte Ringe
gespanntes Seilnetz tragen. Es geht ja darum, mit möglichst
geringem materiellen Aufwand eine maximale Hüllfläche für
die gewünschten äußeren und inneren physikalischen Verhältnisse
zu erzeugen. Das Seilnetz ist leicht beplankt, es trägt der Mast
und die gespannten Seile und Ringe geben Form und tragen die
leichte Haut.

Läßt man die Hülle weg, so erhält man eine fast immateriell
wirkende, stabil verspannte Hüllstruktur um einen Mast, eine
Art von Netzturm, dessen Materialität bei über jeden Zweifel
erhabener Sicherheit eigentlich aufgehoben scheint, obwohl auf
radial ausgesteiften Spannringen des konisch zur Spitze hin
verlaufenden Seilnetzes Beplankung aufgebracht werden kann,
um Lasten aufzunehmen. Über gewendelte, die Leichtigkeit noch
steigernde Treppen gelangt man von Ebene zu Ebene, nach oben,
ins Allerluftigste, so wie einst von islamischen Baumeistern beim
Minarett von Samarra vorgesehen; damals aus Ziegeln gefertigt,
erdenschwer, wuchtig, körperlich, nun leicht, schwebend, fast
ein Spinnweb.

Eine gänzlich neue Turmgeneration könnte das werden, ein
sinnfälliges Beispiel der „ästhetischen Ökonomie“ unserer
Möglichkeiten, Material zu vergeistigen, welche in Zukunft,

da wir uns bei nachhaltiger Verwendung unserer Ressourcen nur noch ein Zehntel des heutigen Materialverbrauchs leisten dürfen, unser prometheischer Ausweg sein muß.

Der wieder-
gefundene
Traum

So würde der Turm, dies uralte Symbol, erneut zum sprechenden Zeichen unserer Fähigkeiten und zum Ort besinnlicher Umschau. Dieser Turm hat wieder den alten Sinn. Er dient dem ruhigen Schauen nach unten, dem genauen Durchforschen einer begrenzten Ferne, der Gelassenheit des Erkennens und, in übertragenem Sinn, einer neuen Übersichtlichkeit über den durch unsere Unrast gänzlich veränderten Fortgang der menschlichen Belange.

37

Ein Spiralseil ist aus
37 Drähten geflochten

Kleine Geschichte der Stuttgarter Aussichtstürme

Die Wälder rund um Stuttgart, aber auch die starke Begrünung der bewußt locker gehaltenen Bebauung an Stuttgarts Talrändern, verhindern häufig den freien Blick. Abgehoben, auf einem Turm stehend, sieht man die Landschaft ungehindert. Das war im letzten Jahrhundert so und gilt auch für die Gegenwart noch. Sieht man von der Hochwacht in der Gellertstraße und von Türmen, die mit Wohnhäusern verbunden waren, ab, so war der Hasenbergturm der erste Aussichtsturm Stuttgarts.

Die 10 Jahre bis zum Bau des Turms im Jahr 1879 waren geprägt von Spendensammlungen und planerischen Fragen. Über den Standort war man sich nicht immer einig: die einen hielten den höchsten Punkt des Birkenkopfs 471 m über NN für den geeigneten Platz, die anderen den damals höchsten Punkt der Gemarkung Stuttgart, den Platz des Degerlocher Wasserturms,

Hasenbergturm

485 m über NN. Man erkannte jedoch bald, daß von letzterem Standort weder eine umfassende Aussicht noch Einblick in das Stuttgarter Tal geboten wird und der Turm die Landschaft nicht unterstreichen würde.

1870 legte der spätere Direktor der königlichen Baugewerbeschule Professor Walter „einen sehr anziehenden Plan für einen viereckigen Turm" vor, 1872 entwarf Oberbaurat v. Leins einen neuen Turm, der aber mit einem Kostenaufwand von R M 60.000 zu teuer war. Auch ein weiterer Entwurf des Oberbaurats von Morlock war mit einem Kostenanschlag von R M 45.000 immer noch zu kostspielig. 1878 beschloß man die Ausführung des Entwurfs von Professor Beyer, dem späteren Baumeister des Ulmer Münsters. Die Baukosten einschließlich der Grünanlage betrugen R M 25.802.

Am 15. August 1879 fand die Eröffnungsfeier statt. Der Turm stand mit seinem Fuß 456 m über NN, war 36 m hoch und hatte einen Durchmesser von 5,70 m und 184 Stufen. Der Turm war rund und aus roten bossierten Sandsteinen aus Gerlingen ausgeführt. 6 m unterhalb des oberen Umgangs kragten rundbogige Blendarkaden etwas vor und trugen das bekrönende glattere Mauerwerk wie eine Manschette. Ein kleines schlankes Türmchen auf der Plattform bildete die Spitze.

Sämtliche Stuttgarter Zeitungen berichteten von einem wahren Volksfest: Er war eine „landschaftliche Zierde" und wirkte „von der Ferne als Wahrzeichen der Stadt". Der Turm fand auch bei der Bevölkerung große Anerkennung. Er war an 200 Tagen im Jahr geöffnet und wurde jährlich von über 10.000 Besuchern bestiegen. Am 24. März 1943 wurde der Turm jedoch gesprengt, um feindlichen Fliegern die Orientierung zu nehmen. Seither steht noch ein Ruinenstumpf als Erinnerung am oberen Ende der Hasenberganlage.

Degerlocher Aussichtsturm

Der Hasenbergturm regte im Lande und auch in Stuttgart zu weiteren Turmbauten an. Bereits im September 1885 wurde mit dem Bau des Degerlocher Aussichtsturms nach Plänen der Architekten Eisenlohr und Weigle begonnen, nachdem zwei Jahre zuvor die Zahnradbahn auf Anregung des Ziegeleibesitzers Kühner in Betrieb genommen worden war und vermehrt Stuttgarter Bürger, der besseren Luft wegen, in Degerloch auf der Höhe im Schweizer Landhausstil ihre Eigenheime bauten.

Der Turm stand mit seinem Fuß 482 m über NN am Waldrand am Anfang des Hainbuchenwegs. Sein Grundriß war rechteckig mit Seitenlängen im Verhältnis des goldenen Schnitts. Auf einem Sockel aus Backstein erhob sich ein mit Backsteinlisenen gegliederter, dreigeschossiger Turm, der nach zwei Geschossen einen Umgang auf mit Rundbogen gegliedertem Gesims und am Ende des dritten Geschosses eine auf Stufenkonsolen leicht auskragende Plattform hatte. Auf dieser stand, auf die Seite gerückt, noch ein rundes Türmchen mit spitzer Haube. Letzteres charakterisierte den Degerlocher Aussichtsturm. Auch dieser Turm wurde, am 20. April 1943, in seinem oberen Teil gesprengt und später ganz abgetragen.

Der Cannstatter Verschönerungsverein, der, trotz Eingemeindung Cannstatts im Jahre 1905, bis 1937 bestand, baute im Jahre 1891 auf dem Burgholzhof einen Aussichtsturm, der erfreulicherweise noch steht und heute vom Bürgerverein Pro Alt Cannstatt betreut wird. Er wurde nach einem Entwurf des damaligen Oberamtsbaumeisters Keppler mit einem Kostenaufwand von etwa DM 10.000 errichtet. Über dem Gelände, 359 m über NN, erhebt sich ein terrassierter Sockelbau aus Cannstatter Tuffstein, auf dem ein rechteckiger Turm aus Backstein aufgesetzt ist.

Aussichtsturm auf dem Burgholzhof

Die Ecken sind von verzahnten Tuffsteinen eingefaßt. Darüber sitzt eine mit Zeltdach bekrönte offene Loggia aus Holz, auf die noch ein Laternenhäuschen aufgesetzt wurde. Die Gesamthöhe beträgt 25 m. Die Aussicht erlaubt nicht nur den Blick über Cannstatt, sondern über das Neckartal von Esslingen bis Heilbronn, über das Strohgäu und das Lange Feld. Der Turm wurde nach der Sanierung durch den Verein Pro Alt Cannstatt und die Stadt Stuttgart am 22. August 1987 zum zweiten Mal eingeweiht. Er steht heute unter Denkmalschutz.

Aussichtsturm
auf dem Kriegsberg

1894/95 gab der Verschönerungsverein der Stadt Stuttgart den Auftrag zum Bau eines kleinen Aussichtsturms auf dem Kriegsberg mit nur 30 Stufen, 364 m über NN. Grund und Boden gehörten dem Verein bereits. Der Turmbau bietet vom zum Talkessel vorgeschobenen Kriegsberg auch heute noch einen prächtigen Blick auf die Stadt, das Bahngelände, auf das Neckartal, den Schurwald und bis nach Heilbronn. Die Komposition von Turmbau, Treppentürmchen und Unterstehhalle erfolgte nach Plänen von Baurat Weigle. Sie wurde in Schilfsandstein in einem noch vom Historismus geprägten Stil ausgeführt. Das Türmchen überstand den Krieg, mußte aber 1966 wegen Baufälligkeit geschlossen werden. Nachdem Stadt und Land sich bereit erklärt hatten, die Instandsetzung finanziell zu unterstützen, entschied sich der Verschönerungsverein für die Erhaltung und Erneuerung in den Jahren 1983–85. Die Kosten betrugen etwas mehr als DM 150.000. Hiervon zahlten Stadt und Land rund DM 89.000. Der Rest wurde durch Spenden (DM 25.000) und aus dem Vereinsvermögen gedeckt. Am 24. Juni 1995 feierte der Verschönerungsverein das 100jährige Bestehen des Aussichtsturms.

1904 gab die Studentenschaft der Technischen Hochschule den Auftrag zum Bau des 20 m hohen Bismarckturms auf dem Gähkopf, der höchsten Erhebung 408 m über NN auf der Feuerbacher Heide. Die Deutschen Burschenschaften hatten bereits 1898 einen Wettbewerb für ein Bismarck-Denkmal ausgeschrieben, den der Architekt Wilhelm Kreis (1873–1955), der später in der Nazizeit durch seine pompösen Monumentalbauten bekannt wurde, gewann. Der Entwurf wurde zum Vorbild für über 50 ähnliche Bismarck-Türme im Deutschen Reich. Der Turm aus Stubensandstein, sehr plastisch ausgeführt, wirkte immer schon eher als ein Denkmal und weniger als Aussichtsturm. Er stand selten für die Bevölkerung offen, aber eine schöne Aussicht auf die Stadt ist auch von seinem Fuß aus gegeben. Vor kurzem hat die Stadt Stuttgart mit einer Generalsanierung begonnen.

Bismarckturm

Man könnte fast annehmen, daß mit der Entwicklung der Luftfahrt die turmbaufreudige Zeit vorüber war, doch der bauliche Expressionismus in der Zeit nach der Inflation bis zu den 30er Jahren neigte nochmals zum Turmbau. Nahe bei Stuttgart entstand der Leonberger Aussichtsturm auf dem Engelberg. In Stuttgart selbst plante man das Bürohochhaus Tagblatt-Turm (1924–1928). Der 1928 fertiggestellte Hauptbahnhof von Paul Bonatz hatte im achten Geschoß des 57 m hohen Turms ein Restaurant mit herrlichem Blick auf die Innenstadt und den Schloßgarten. Sonst entstanden nur provisorische Türme aus Holz, die zeitlich begrenzt für Feste und Schauveranstaltungen gebaut wurden, so der Flaggenturm auf dem Wasen zum

Turnfest 1933, und auf dem Killesberg gehörte ein Aussichtspavillon zur Reichsgartenschau 1939.

Von Juni bis Oktober 1950 fand auf dem Killesberg die erste
Deutsche Gartenschau statt. Nach dem raschen Wiederaufbau
und Neubau von Gebäuden sollte die Konzeption der Reichsgartenschau 1939 in demokratischer Version weitergeführt
werden. Es gab aber auch einige beeindruckende Neuigkeiten
wie die Sesselbahn, die Milchbar und einen transparenten Aussichtsturm aus Stahl und Glas, mit Aufzug und UKW-Sender-
Antenne (s. S. 42). Dieser vom Chefplaner Hermann Mattern
persönlich entworfene, 21 m hohe Turm wurde von der Maschi-
nenfabrik Esslingen, der Stuttgarter Glasbaufirma Galetzki und
der Firma Aufzug Zaiser aus Stuttgart-Zuffenhausen in kürzester
Zeit auf der Hügelkuppe beim Höhencafé erstellt, genau an der
Stelle, wo der Aussichtspavillon von 1939 stand, und wo auch der
Stahlseilturm von Jörg Schlaich steht.

Obwohl der konstruktiv und ästhetisch hervorragend gelungene
Turm von 1950 mit seinem einzigartigen Rundblick vom Publikum
begeistert angenommen worden war, blieb ihm nur eine kurze
Lebensdauer beschieden. Der Aufzug erwies sich als störanfällig,
der Zahn der Zeit nagte an der Konstruktion, die Instandhaltung
wurde vernachlässigt, bis sie schließlich zu teuer war. 1974 beschloß der Gemeinderat den Abbruch.

Erst nach dem Zweiten Weltkrieg, als das Fernsehen sich ent-
wickelte, benötigten die Sender für die Ausstrahlung ihrer
Programme hohe Sendemasten. Bereits 1953 plante der Süd-

deutsche Rundfunk für Stuttgart und seine dichtbesiedelte Umgebung einen Sendemasten an geeigneter Stelle. Nach eingehenden Untersuchungen entschied man sich für die höchste Erhebung auf dem Hohen Bopser (483 m über NN) bei den Sportplätzen. Aber auch dort war noch eine ca. 200 m hohe Antenne notwendig, um den Talkessel und die Seitentäler des Neckars „ausleuchten" zu können. Zunächst war ein Stahlgittermast geplant. Der Süddeutsche Rundfunk wählte zur Lösung dieser Bauaufgabe den Ingenieur Fritz Leonhardt. Dieser erkannte sehr rasch, daß ein bloßer Gittermast auf der bewaldeten Höhe über Stuttgart ästhetisch unbefriedigend wäre und nicht in die Stadtlandschaft gepaßt hätte. In seiner Beschreibung des Stuttgarter Fernsehturms in der Fachzeitschrift „Beton- und Stahlbetonbau" (Verlag Ernst u. Sohn, Berlin 1956) stellt er dar, wie der Fernsehturm, der erste seiner Art, aus praktischen und technischen Erfordernissen entstanden ist.

Er mußte hoch sein. Es sollte eine Aussichtsplattform haben und möglichst ein Restaurant. Sollte dieses sich lohnen, brauchte es zwei Stockwerke. Die Techniker wünschten sich die Apparate-

Fernsehturm

räume möglichst oben, damit die teuren Kabel nicht bis nach unten verlegt werden mußten. Die Aufzüge mußten leistungsfähig sein, das heißt 4 m pro Sekunde schnell fahren und zwei Körbe für je 16 Personen haben. Kopf und Schaft, der alles aufnahm, mußte ästhetisch ausgeformt sein, wenig Angriffsfläche für Winddruck und günstige Strömungsverhältnisse aufweisen.

Diese generellen Anforderungen bedingten für Leonhardt ein Bauwerk, bestehend aus einer 135,80 m hohen Betonröhre, unten 10,80 m, oben 5,04 m dick, einen viergeschossigen Kopf mit einem Durchmesser von 15,20 m. Darauf setzte er den 8,27 m hohen Betonfuß, in den der 51,90 m lange Sendemast eingespannt wurde. Alles war ausgeformt wie eine Plastik. So hat die Röhre eine leichte Schwellung, der Kopf ist nach unten leicht abgeschrägt, die Aluminiumverkleidung des Kopfes ist ganz glatt ohne jegliches Profil und greift über die Brüstung der Aussichtsplatte, der Schaft bleibt ohne Sockel, denn erst unter der Erde greift das Fundament kegelstumpfförmig aus.

Leonhardt sprach mit namhaften Architekten, ehe er die Gestalt des Turms endgültig festlegte. Da die Form logisch den Anforderungen von Konstruktion und Zweckbestimmung folgte, gab es keinen Grund, sie zu ändern. Dem Erfinder dieses Turmtyps

mußte damals schon bekannt gewesen sein, eine neue Ära
der Turmbauten eingeleitet zu haben, denn er schreibt 1956:
„Bei der raschen Entwicklung der Fernsehtürme wird der
Stuttgarter Turm nicht lange allein bleiben". Und er hofft außer-
dem, „mit diesem Bauwerk einen Weg gewiesen zu haben, wie
man technisch notwendige Einrichtungen auch schön und an-
ziehend bauen kann, so daß sie der Allgemeinheit Freude und
Genuß spenden". Er betrachtet es als sicher, daß zahlreiche
Besucher und besonders die Jugend den weiten Ausblick von
der Turmhöhe auf die schön gelegene schwäbische Hauptstadt
mit innerem Gewinn erleben werden.

Da der Süddeutsche Rundfunk nur für seinen Sendezweck bauen
durfte, mußte für den Sendeturm, der gleichzeitig Aussichtsturm
und Gaststätte sein sollte, ein Investor gefunden werden. Es lag
nahe, daß die Stadt Stuttgart diese Rolle übernahm. Die Ableh-
nung der Stadt zeigt jedoch das geringe Vertrauen, das sie zu dem
Unternehmen hatte. Der damalige Direktor Müller vom SDR
fand jedoch die Investoren, die ihr Engagement nie bereuten, denn
in verhältnismäßig kurzer Zeit waren die 3,7 Millionen Baukosten
durch die zahlreichen Besucher des Turms wieder eingenommen.

Nicht zu den Aussichtstürmen zählen der 192 m hohe Fernmeldeturm auf dem Frauenkopf (1972, s. S. 42) und der 93 m hohe
Polizeifunkturm (1966) am Rand der Waldebene Ost über dem
Neckartal. Als markante Orientierungspunkte prägen sie alle,
zusammen mit dem Fernsehturm, die Stuttgarter Silhouette
über dem Grün der Wälder.

Stuttgart hat heute, diagonal zu den Haupthimmelsrichtungen
gelegen, drei hervorragende Aussichtspunkte, sieht man einmal
vom stadtnahen Kriegsbergtürmchen ab: Das Plateau des Trüm-
merbergs auf dem Birkenkopf im Südwesten, den Fernsehturm
auf dem Hohen Bopser im Südosten und den Turm auf dem Burgholzhof im Nordosten. Mit dem zur IGA geplanten Stahlseilturm
von Jörg Schlaich ist auch die Flanke im Nordwesten mit einem
hervorragenden Aussichtspunkt besetzt.

**Zwei gegenläufige Treppen,
eine hinauf und eine hinunter**

Hans Luz

Der Killesbergturm im Rahmen des „Grünen U"

Der Wettbewerb

Die Stadt Stuttgart erhielt 1985 den Zuschlag zur Durchführung
der Internationalen Gartenbauausstellung – genannt IGA – 1993.
Beworben hatte sie sich – tatkräftig unterstützt vom Württem-
bergischen Gärtnereiverband – mit der Idee, die mit den Bundes-
gartenschauen 1961 und 1977 sanierten und zum Teil neugestalteten
ehemals königlichen Anlagen des oberen, mittleren und unteren
Schloßgartens und des Rosensteinparks mit dem zur Reichsgartenschau 1939 gebauten Höhenpark Killesberg zu verbinden.

Die noch fehlenden, dafür neu zu gestaltenden Bereiche waren
der sogenannte ehemalige Leibfriedsche Garten des Schoko-
ladenfabrikanten Moser und das Gelände des Wartbergs und
Steinbergs. Der Leibfriedsche Garten war die verwilderte
Vegetation um eine im Krieg zerstörte Villa, das Wartberggelände
eine Ansammlung von Kleingärten, sogenannten Gütle, kleinen
Gärtnereien und Gewerbebetrieben. Beide Bereiche hätten
für sich gesehen sicher nicht ausgereicht, um eine internationale
Gartenschau zu veranstalten.

Planfigur	Entscheidend war daher, daß mit dem Bau dieser Verbindungs-stücke ein Gesamtpark von erheblichem Ausmaß, eine fußläufige Verbindung von der Innenstadt am Schloßplatz hinunter zum Neckar und von dort hinauf zum Killesberg und Kräherwald – von der Stadt durch Parks und Gärten hinauf in den Wald, zur freien Landschaft – entstehen konnte. Die Planfigur der Zusam-menfassung dieser Bereiche ist ein großes U. So ergab sich für den Gesamtpark der Arbeitstitel, der sich bis heute erhalten hat: das „Grüne U".
Partner	Da feststand, daß beim Zusammenfügen der einzelnen Teile mehrere Brücken notwendig sein würden, haben wir uns für die Teilnahme an dem für die neu zu gestaltenden Bereiche und die Gartenbauausstellung ausgeschriebenen Wettbewerb von Anfang an mit Jörg Schlaich und Rudolf Bergermann zusammengetan und gemeinsam mit den Architekten Bidlingmaier, Egenhofer, Dübbers sowie dem Grafikdesignbüro Lohrer eine Planungs-gruppe gebildet.
Gelände-beschaffenheit	Das Gelände ist nicht nur sehr steil, sondern auch sehr uneinheit-lich, an seinen Rändern zerrissen, von Straßen und Gleisanlagen durchquert, außerdem sehr unübersichtlich. Als ich im Frühjahr 1986 das Gelände zum ersten Mal sah, konnte ich nur nach dem Übersteigen vieler Zäune hier und da meinen Kopf über die ver-wilderte Vegetation strecken und mir so mühselig einen Über-blick verschaffen. Mir war klar, daß hier kein eigenständiger Park entstehen konnte, sondern daß es darauf ankam, gute Parkver-bindungen und flüssige, mit interessanten Ziel- und Aufenthalts-punkte angereicherte Wege zu bauen. Vor allem aber, immer wieder Aussichtspunkte und Sichtbeziehungen herzustellen.

Das „Grüne U" von der Innenstadt
zum Killesberg

Stationen-
konzept
Als Grundlage einer Neuplanung für dieses Gelände erschien
uns das schon auf den Gartenschauen 1977 in Stuttgart und 1981
in Baden-Baden ausprobierte „Stationenkonzept" gut geeignet.

Dies bedeutet: In einem Gelände, das zu groß ist, um es insgesamt
umzugraben und gärtnerisch neu zu gestalten und zu pflegen, das
aber wegen seines Standorts in der Stadt auch zu wertvoll ist,
um es insgesamt verwildern zu lassen, werden größere Bereiche
naturbelassen oder nur extensiv gestaltet, dann aber an ausge-
suchten Punkten mit landschaftsgärtnerischen und bildhaueri-
schen Mitteln gestaltete Verdichtungen geschaffen. Sie sind
Orientierungshilfe, vor allem aber wichtige Ziel- und Aufent-
haltspunkte, die das Wandern von Punkt zu Punkt interessant
und kurzweilig machen, besonders, wenn es wie hier, steil berg-
auf geht. An der Mehrzahl der Punkte gibt es Sichtbeziehungen
in die nähere und weitere Umgebung.

Um sich aber einige Male auch einen weiteren Überblick und
einen Bezug zu unserer Stadtlandschaft zu verschaffen, bedurfte
es zweimal einer Überhöhung: auf halbem Weg im Leibfriedschen
Garten mit dem Ausbau des Wasserbehälters der ehemaligen Villa
zu einem kegelförmigen Aussichtsberg und ganz oben im Killesbergpark mit einem Aussichtsturm.

Standort für
den Turm
Der Standort für einen Aussichtsturm im Killesbergpark war
schnell gefunden. 1939 gab es zur Gartenschau auf dem höchsten
Punkt des Killesbergs eine größere Aussichtsplattform mit einem
herrlichen Rundumblick und an einer tieferen Stelle, einer Kuppe
beim Höhencafé, einen kleineren Aussichtspavillon mit einem
mehr auf den Park und das Neckartal bezogenen Blick (s. S. 23).
Der höchste Punkt des Killesbergs mit der Aussichtsplattform
gehörte 1950 nicht mehr zur Gartenschau und wurde anschlie-
ßend überbaut.

Dies ist eines der vielen Mißverständnisse in der Stadtplanung
gewesen: Ziel des Wettbewerbs 1939 war, neben einer städte-
baulichen und landschaftsgestalterischen Rahmenplanung für
das Gesamtgelände, für das engere Planungsgebiet der Bau eines
Tierparks. Das Preisgericht hat dazu empfohlen, den höchsten
Punkt des Killesbergs (383 m über NN) nicht in das Tierpark-
gelände einzubeziehen. Gemeint war ein öffentlich zugänglicher
Aussichtsplatz außerhalb des eingezäunten Tierparks. So gehörte
der eigentliche Killesberg 1950 mit seinem höchsten Punkt nicht
mehr zur Gartenschau.

Die Kunststationen auf dem Weg
zum Killesberg
(von oben nach unten):

Karina Raeck: Bei der Buche

Hans Dieter Schaal: Stangenwald

Dan Graham: Gate of Hope

Herman de Vries: Sanctuarium

Claus Bury: Am Kreuzungsbogen

Jeanette Zippel: Bienengarten

Hans Dieter Bohnet:
Wasserspiele, Im Keuper

Michael Singer: Das Grottenloch

Man hat ihn überbaut und dafür an dem tiefer gelegenen Punkt beim Höhencafé (360 m über NN) einen Aussichtsturm gebaut. Eine kurz nach dem Krieg vielbeachtete Stahlkonstruktion mit einem Aufzug (s. S. 42). Dieser Turm stand lange Jahre, ist langsam verfallen und 1975 abgerissen worden – für unsere Überlegungen, einen End- oder Anfangspunkt für unser Stationenkonzept zu finden, der richtige Standort. Weil er wegen der Bebauung nicht mehr am höchsten Punkt stehen konnte, aber auch, um neben der Sicht ins Neckartal etwas mehr Rundumsicht und auch einen Bezug zu den Stuttgart umgebenden Wäldern zu erreichen, war unsere Planungsgruppe der Meinung, daß er möglichst höher werden müßte als der Turm von 1950.

Gestaltgebung   Viel schwieriger als einen Standort für den Turm zu finden, war die Frage nach der Form und Gestalt. Was gab und gibt es nicht alles für Aussichtstürme: aus Naturstein wie ein römischer Wachturm oder Bismarckturm, aus Holz wie bei einem Fort im Wilden Westen oder wie auf jedem größeren Kinderspielplatz, aus Stahl und Eisen wie 1950 oder eine Kombination aus verschiedenen Materialien mit einem Natursteinsockel in der auf dem Killesberg so hervorragend praktizierten Handwerkstradition der schwäbischen Landschaftsgärtner.

Doch dank Jörg Schlaich war auch dieses Problem bald gelöst. Bei einer ersten Planbesprechung zu unserem Wettbewerbsbeitrag brachte er seine Vorschläge für die so wichtigen Parkverbindungen mit: die lange Fußgängerbrücke vom Leibfried zum Wartberg, eine Weiterentwicklung seiner schon an anderen Stellen bewährten und vielgerühmten Seilnetzkonstruktionen. Dabei fiel mir sein Kühlturm in Hamm-Uentrop ein, den ich in einem Zeitungsartikel gesehen hatte, und ich fragte ihn, ob er mit so einer Seilkonstruktion auch einen Aussichtsturm bauen könne.

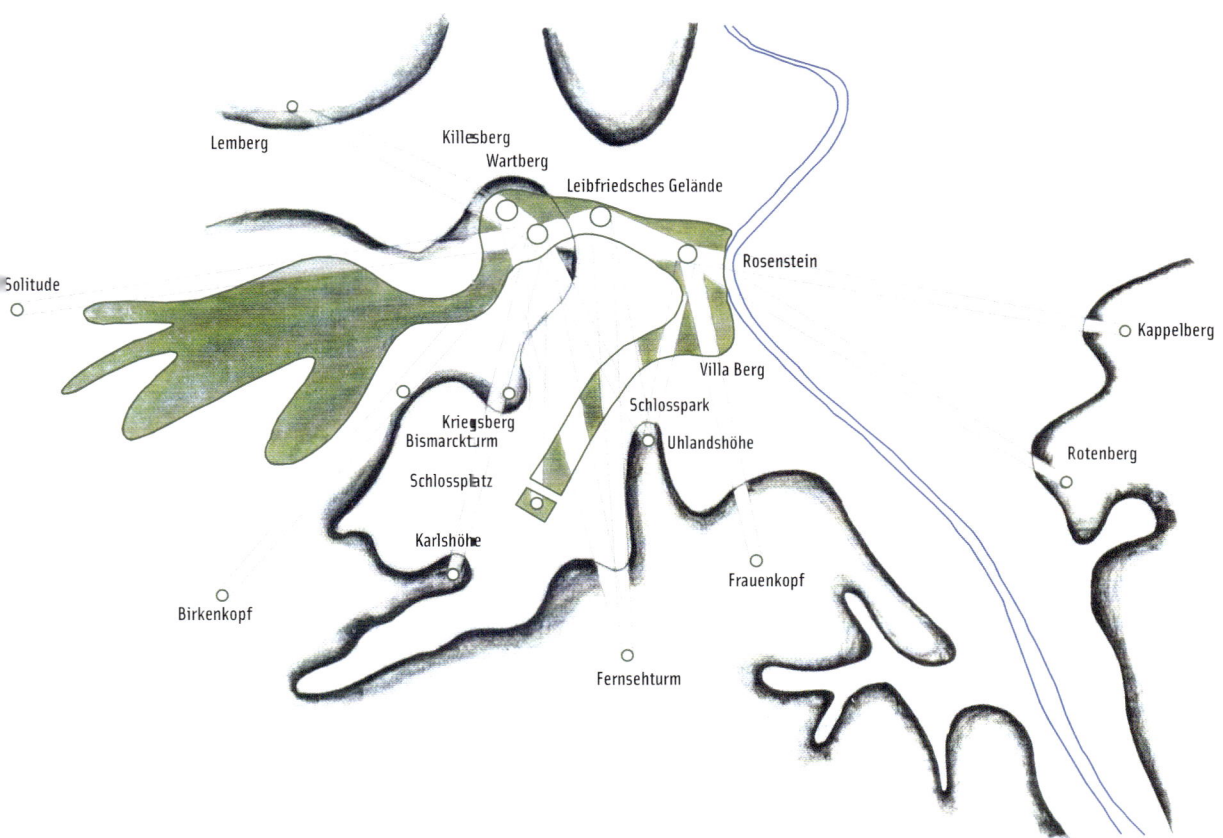

Killesberg
Wartberg
Leibfriedsches Gelände
Lemberg
Rosenstein
Solitude
Kappelberg
Villa Berg
Schlosspark
Rotenberg
Kriegsberg
Bismarckturm
Uhlandshöhe
Schlossplatz
Karlshöhe
Frauenkopf
Birkenkopf
Fernsehturm

Optisches
Verbundsystem

Er war ein wichtiger Bestandteil unseres Wettbewerbs. In unserem
Übersichtsplan hatten wir ihn in ein optisches Verbundsystem der
Stuttgarter Stadt- und Parklandschaft eingefügt. Und angesichts
der schwierigen Frage, wie ein Aussichtsturm in heutiger Zeit
aussehen sollte, meinte ich bei Abgabe des Wettbewerbs: „Wenn
wir schon keinen Preis bekommen, so wird das Preisgericht doch
hoffentlich so gescheit sein, uns einen Ankauf für den Turm zu geben." Wir haben dann doch den 1. Preis für das Ganze bekommen.

Nach dem Wettbewerb

Von Mal zu Mal, vom Vorentwurf über den Entwurf hin zu den
Ausführungszeichnungen wurde der Turm besser und schöner.
Er war Bestandteil all unserer Erläuterungen, Vorstellungen und
Genehmigungen bei den Entscheidungsträgern. Und selbstver-
ständlich auch überall bei den abgestimmten Kostenberech-
nungen. Es gab eigentlich nie einen Zweifel, daß dieser Turm als
ein wichtiges, unverzichtbares Element der Gesamtkonzeption,
nicht nur des Planungsabschnitts, sondern des Gesamtparks
„Grünes U" gebaut wird.

Verschiedene Ansichten –
Leibfriedscher Garten und Wartberg

Der Turm
als Element
der Gesamt-
konzeption

Er ist eigentlich kein Turm im herkömmlichen Sinn, sondern ein
42 m hohes, transparentes Gebilde mit vier durch eine Seilnetz-
konstruktion gehaltenen Aussichtsplattformen (s. S. 63). In dem
Kranz der vielen Aussichtspunkte, die durch das Wegesystem im
Wartberg und Leibfriedschen Garten erschlossen werden und
daher nur begrenzte Blickrichtungen erlauben, bieten die
Aussichtsplattformen des Turms einen allumfassenden Blick auf
die ganze Landschaft. Der Turm markiert das Ende des inner-
städtischen U, den Aufstieg vom Schloßplatz zum Killesberg und
leitet hinüber zu den Gärten und Parks in der Stadt in die freie
Landschaft zum anschließenden Kräher- und Solitudewald.

Bei dem genehmigten Bauvolumen von DM 110 Millionen und
den vielen, bereits vergebenen Arbeiten glaubten wir, die
Behandlung des Turms im Technischen Ausschuß für diese
Ausschreibung und Vergabe sei nur eine Routineangelegenheit.
Aus unerfindlichen Gründen wurde der Beschluß jedoch erst
vertagt. In der entscheidenden Sitzung hat dann der technische
Bürgermeister Prof. Künne, der schon maßgeblich am Zustande-
kommen der IGA beteiligt war, seinen Antrag zu einem Bau-
beschluß engagiert und überzeugend vorgetragen. Aber im
Gremium wollte man sparen.

Kein
Baubeschluß
1993

Das Sparen konnte sich aber nicht auf die von uns zu vertretenden
Kosten für die Daueranlagen bezogen haben, die blieben am
Ende sogar bei DM 10 Millionen unter dem Kostenvoranschlag.
Die Veranstalter der Ausstellung hatten ihren Etat überzogen und
dann noch einiges vergessen. So mußte Geld „umgeschichtet"
werden, d.h. weg von den langfristig geplanten Bauten hin zu
den temporären Veranstaltungen. Ein Baubeschluß wurde
nicht gefaßt.

Einschaltung des Verschönerungsvereins

Eine Stunde nach dieser Sitzung habe ich Forstdirektor Fritz Oechßler angerufen, den Vorsitzenden des Verschönerungsvereins der Stadt Stuttgart. Dieser Verein hatte mit seinen Aktivitäten schon viel zum Erscheinungsbild der Stadt bewirkt und war im Sammeln von Spenden geübt. Der Verschönerungsverein sagte spontan einer Spendensammlung zu. Ich dachte: Der Verein sammelt Spenden, die Stadt finanziert den Rest, vielleicht sogar den Hauptteil und baut mit ihrem Know-how und der Betreuung durch ihre erfahrenen Mitarbeiter und Ämter den Turm. Dem war aber nicht so – die Stadt wollte, daß der Verschönerungsverein den Turm selbst baut.

Keine leichte Aufgabe für einen kleinen Verein mit meist älteren Mitgliedern. Dies ist eine eigene, wechselvolle, neun Jahre dauernde Geschichte, für die die Damen und Herren des Verschönerungsvereins großen Respekt, Dank und Anerkennung verdienen.

Das „Grüne U" – vom Schloß zum Schlößle

2230

Der Turm kann 2230 dicke Menschen
gleichzeitig tragen

Fritz Oechßler Wolfgang Müller

Vom Plan 1993 zum Baubeschluß 2000
Der Verschönerungsverein der Stadt Stuttgart
als Bauherr

Als Hans Luz, der Planer der Internationalen Gartenschau 1993,
berichtete, daß der Killesbergturm nicht gebaut werden sollte,
versuchten einige Stuttgarter Persönlichkeiten die Bausumme
über Sponsoren und Spender aufzubringen und baten den ge-
meinnützigen Verschönerungsverein, Spenden steuerbegünstigt
anzunehmen. Diesem Wunsch stimmte der Verein zu. Trotz
großer Anstrengungen war es aber nicht möglich, das notwendige
Geld rechtzeitig zu sammeln.

Zur gleichen Zeit vereinbarte der Verschönerungsverein mit dem
Schwäbischen Heimatbund die Sanierung von drei Weingärtner-
häusern aus dem 18. Jahrhundert. Die Stadt begrüßte dies und
war bereit, eine nicht mehr nutzbare Aussichtsplatte des Vereins
als Wohnbaufläche auszuweisen. Der Verkauf des Baugrundstücks
brachte die notwendigen Mittel. Als sich abzeichnete, daß die
eingehenden Spenden für den Killesbergturm nicht ausreichten,
formierte sich im Verein eine Gruppe, die auf die Sanierung der
alten Häuser verzichten und den Verkaufserlös für den Killesbergturm verwenden wollte. Eine außerordentliche Mitgliederver-
sammlung faßte einen entsprechenden Beschluß.

Dieser Beschluß wurde von Mitgliedern, die an der Versammlung
nicht teilnehmen konnten und die sich an die Absprache mit dem
Heimatbund gebunden fühlten, heftig kritisiert. Der Verein mußte
eine Zerreißprobe überstehen, die es so noch nicht gegeben hatte.
Zum Schluß kam es zum Kompromiß: Der Verkaufserlös sollte
hälftig für die Sanierung und hälftig für den Turm eingesetzt werden.

Die Bemühungen um den Turmbau zielten zunächst in zwei
Richtungen: die Stadt mußte dem Turmbau durch den Verschönerungsverein auf dem städtischen Grundstück zustimmen,
und die früher zugesagten Spenden – wenngleich noch nicht
ausreichend – mußten erneut bestätigt werden.

Wider Erwarten waren die aus dem Rathaus kommenden Signale
überwiegend negativ. Der aus Geldmangel getroffene ablehnende
Beschluß des Gemeinderats sollte grundsätzlich nicht aufgehoben
werden. Nachdem das Geld aus dem Verkaufserlös bei weitem
nicht ausreichte, wurden die registrierten Spender gefragt, ob sie
weiter bereit seien, zu spenden. Das Ergebnis war zwiespältig, da
die IGA längst vorbei war, die Baukonjunktur zu lahmen begann
und die bei der IGA tätigen Firmen keinen Werbeeffekt mehr
sahen. Andere Finanzierungsüberlegungen waren für den Verein
zu riskant oder hatten keine Erfolgschancen.

1997 wurde nach erneuten Gesprächen vom Oberbürgermeister
der Stadt Stuttgart, Wolfgang Schuster, grünes Licht für den
Turmbau gegeben, allerdings mit der Auflage, daß der Verein
Bauherr und Finanzier ohne öffentliche Zuschüsse wird. Auf
Bitten des Verschönerungsvereins übernahm Wolfgang Schuster
jedoch die Schirmherrschaft. Dank guter Geldlage war das Kapi-
tal des Vereins durch Zinserträge zwar angewachsen, DM 400.000
fehlten aber immer noch. Also wurde die Suche nach Spenden
wieder verstärkt – mit niederschmetterndem Ergebnis.

Ein letzter Versuch, die Finanzierungslücke zu schließen, war
die Suche nach Interessenten, die bereit waren, Treppenstufen
zu spenden, auf denen persönliche Spendenschilder angebracht
werden konnten. Dieses Ergebnis war schließlich doch noch
erfreulich: die Finanzierungslücke konnte bis auf DM 100.000
abgebaut und vom Verschönerungsverein der Baubeschluß am
25. August 2000 gefaßt werden. Man ging davon aus, daß die letzten notwendigen Spenden während der Bauzeit eingehen würden.

Für den ausschließlich durch ehrenamtliche Arbeit wirkenden
Verschönerungsverein stand von Anfang an fest, daß er zwar
Bauherr und Finanzier des Killesbergturms, keinesfalls aber
Betreiber und Verantwortlicher vor Ort sein konnte. Der Turm
sollte deshalb der Stadt übereignet werden. Aus verschiedenen
Gründen wurde dann aber entschieden, daß der Verein Eigen-
tümer und Betreiber im rechtlichen Sinne bleibt und während
dieser Zeit eine gewerbliche Nutzung vornimmt – u.a. durch

Einräumung der Vermarktungsrechte an die Agentur **av**communication in Ludwigsburg. Die Stadt (Garten- und Friedhofsamt) wird auf vertraglicher Grundlage von der Fertigstellung an die Verkehrssicherungspflichten und die örtliche Betreuung übernehmen. Nach Ablauf von zehn Jahren wird die Stadt alleinige Eigentümerin und Betreiberin des Aussichtsturms.

Baugenehmigung Die nicht einfachen Vertragsverhandlungen mit der Stadt über die Nutzung des Baugrundstücks, die Abwicklung der Bauarbeiten im Killesbergpark und die Übernahme der Verkehrssicherung nahmen längere Zeit in Anspruch. Dies gilt auch für die Klärung steuerlicher Fragen, die wiederholte Ausschreibung der Bauarbeiten mit Preisverhandlungen sowie den Abschluß der Verträge und Kostensicherung mit Planern und Baufirmen. Dies konnte parallel zur Klärung der Finanzierungsfrage abgeschlossen werden. Die im Juli 2000 neu beantragte Baugenehmigung wurde im Dezember 2000 erteilt, so daß nach Baubeschluß des Vereins der Durchführung nichts mehr im Wege stand.

Spatenstich,
Bauarbeiten In technischen Fragen und baurechtlichen Verfahren erhielt der Verein Unterstützung durch das städtische Tiefbauamt, das schon für die ursprüngliche Planung und Baugenehmigung die Bauherrenaufgaben wahrgenommen hatte. Mit dem Spatenstich am 25. Oktober 2000 wurden die Bauarbeiten begonnen. Die Firma Wayss und Freytag stellte die Fundamentarbeiten bis kurz vor Weihnachten fertig. Beim Erdaushub stieß man auf einige Beton- und Stahlteile vom Fundament des Aussichtsturms von 1950, die aber problemlos und mit geringem Aufwand beseitigt werden konnten. Gleichzeitig wurde mit der Herstellung der Stahlkonstruktion in der Werkstatt der Firma Roleff in Esslingen begonnen, damit die Montage der verzinkten Stahlteile und -seile planmäßig im Frühjahr begonnen und die vereinbarte Fertigstellung im Sommer eingehalten werden konnte.

Mit der Übergabe an die Öffentlichkeit und dem Abschluß der gärtnerischen Arbeiten durch die Auszubildenden des Garten- und Friedhofsamts endet die fast zehnjährige Entstehungsgeschichte des dritten Aussichtsturms des Verschönerungsvereins. Die Initiatoren hoffen, daß dem zukunftsweisenden Stahlseilturm von Jörg Schlaich eine längere und erfreulichere Zukunft beschieden sein wird als seinem Vorgänger aus der Deutschen Gartenschau von 1950.

4000

Der Mast wird mit etwa 4000 kN (400 Tonnen)
gedrückt, als trage er 5 große Dieselloks

Jörg Schlaich Andreas Keil Andrea Kratz

Der Killesbergturm: Entwurf und Konstruktion

Entwurfsgedanken

Nach der bereits von Hans Luz, dem Landschaftsarchitekten erwähnten ersten Planbesprechung zum Wettbewerb für die IGA '93 war klar, daß dieser herrliche landschaftliche Höhepunkt mit einem schönen, leichten, transparenten Aussichtsturm gekrönt werden sollte. Das anspruchsvolle Ziel war, zu zeigen, daß moderne Bautechnik mit Mensch, Natur und Garten verträglich sein kann, selbst oder gerade weil dieser Turm ja recht hoch und voluminös sein sollte, um mit mehreren großen Plattformen in verschiedenen Höhen und großzügigen weit ausladenden Wendeltreppen möglichst vielen Menschen Platz ohne Bedrängnis und einen weiten Rundblick nicht nur über Stuttgart und bis ins Neckartal sondern auch südwestlich über die Solitude hinweg in Richtung Schwarzwald zu bieten.

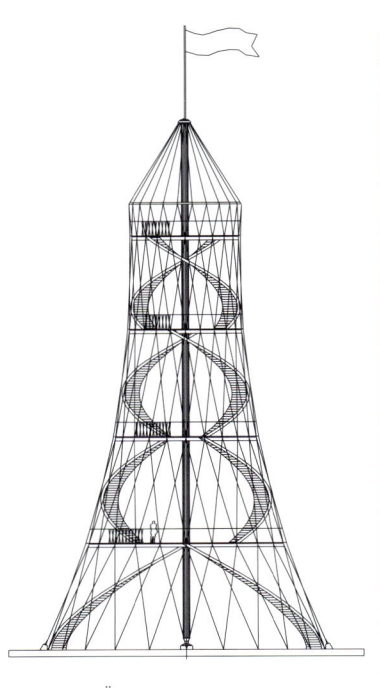

Übersichtszeichnung

40.30

21.00

Modellfoto

Der Fernmeldeturm auf dem Frauenkopf in Stuttgart, 1972

Alter Standardfernmeldeturm mit Stahlfachwerkschaft

Der frühere Aussichtsturm auf dem Killesberg, 1950–1974

Hans Luz erinnerte an den Seilnetzkühlturm, den wir 1974 gebaut hatten, allerdings für einen gegenteiligen Zweck: Ein Kühlturm ist eine riesige vertikale, unten offene Röhre, in der warme Luft aufsteigen und dabei das Kühlwasser des Kraftwerks kühlen soll, so wie der Fahrtwind das Wasser in einem Autokühler. Die Kühlturmröhre muß also nach außen luftdicht geschlossen und innen völlig frei sein. Ein Aussichtsturm hingegen braucht innen ebene geschlossene Plattformen (die von unten mit Treppen zugänglich sind), sein Mantel muß aber für den Ausblick von diesen Plattformen möglichst durchsichtig sein.

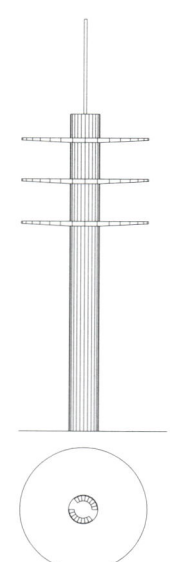

Typischer Aussichts- oder Fernmeldeturm mit Betonschaft

Der klassische Aussichtsturm, einschließlich dem, der einmal an ebendieser Stelle auf dem Killesberg stand, hat deshalb einen kräftigen zentralen Schaft mit dem Treppenhaus und falls nötig einem Aufzug, von dem aus die Plattformen auskragen, wie hier in Stuttgart beim Fernmeldeturm auf dem Frauenkopf – für diesen Zweck keine sehr attraktiven Lösungen, insbesondere wenn die Plattformen weit auskragen sollen und entsprechend dick werden.

Tatsächlich gab der Hinweis auf den Seilnetzkühlturm, genauer gesagt auf einen bestimmten Bauzustand dieses Turms, die entscheidende Anregung. Seinen Mantel bildet ein Seilnetz mit dreieckigen Maschen als Tragkonstruktion und mit einer Blechverkleidung für die Luftdichtigkeit. Das taillierte Seilnetz spannt sich zwischen einem im Boden verankerten Fundamentring aus Beton und einem Stahlring am oberen Rand, der adventskranzartig an der Spitze eines zentralen Betonmasts hängt bzw. so nach oben gezogen wird, daß die Seile „vorgespannt" sind.

Der Kühlturm von Schmehausen,
1974–91

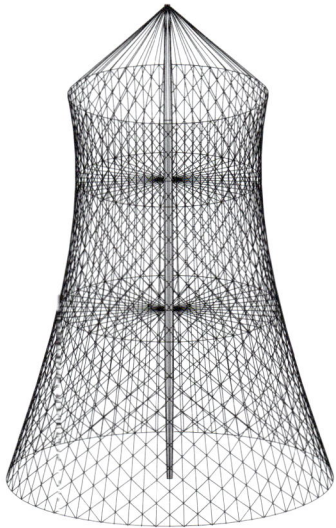

... mit einem Seilnetzmantel
(wie gebaut)

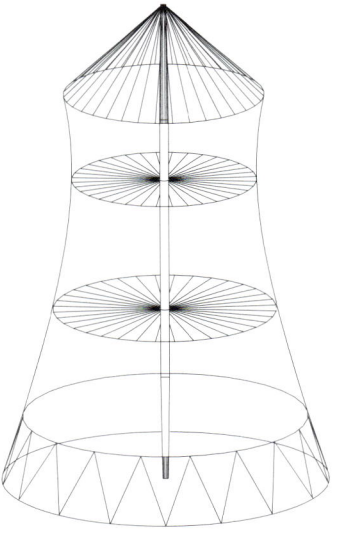

... mit einem Membranmantel
(Variante)

Vorbild: Speichenrad

Im Innern ist das Seilnetz durch zwei horizontal liegende „Speichenräder" ausgesteift, also in seiner Kreisform gehalten. Speichenräder sind bekanntlich äußerst effiziente Konstruktionen. Es genügen hauchdünne (hier also den vertikalen Luftstrom im Kühlturm kaum beeinträchtigende) „vorgespannte" Speichen, um die Felgen, die hier mit dem Seilnetz gekoppelt sind, äußerst wirksam auszusteifen (wobei hier die beiden Naben den Mast umgreifen, aber nicht berühren). Man erkennt jetzt auch, daß der „Adventskranz" das Seilnetz nicht nur nach oben zieht und vorspannt, sondern ebenfalls als Speichenrad wirkt und den oberen Rand in seiner Kreisform hält.

Lasten und Sicherheit

Nachdem das Seilnetz verkleidet ist – außer im unteren Bereich, wo es natürlich für die Luftzufuhr offen bleiben muß – ist es nicht nur für seine Aufgabe der vertikalen Luftführung geeignet, sondern stellt sich auch dem natürlichen horizontalen Wind als ein riesiges Hindernis entgegen. Die schwierige Aufgabe des Ingenieurs ist es also, die auf den Kühlturm wirkenden Lasten zu ermitteln, auch mit Hilfe von Windkanalversuchen, die daraus folgenden Kräfte im Kühlturm zu berechnen und die Querschnitte der Seile, der Fundamente und des Mastes so zu dimensionieren, daß der Turm dem Wind langfristig standhält, ebenso wie allen anderen auf ihn einwirkenden Beanspruchungen, natürlich zuerst seiner Eigenlast, aber auch Erdbeben, einer Vereisung bis hin zum Korrosionsangriff.

Obwohl Bauwerke für Windstärken bemessen werden, die höchstens einmal in 50 Jahren auftreten, müssen auch für die nur einige Wochen dauernden Bauzustände recht hohe Windlasten in Betracht gezogen werden, da jederzeit und ohne lange Vorankündigung starke Winde aufziehen können. Das war der tiefere Grund dafür, daß wir für diesen Kühlturm statt des Membranmantels ein Seilnetz mit nachträglicher Blechverkleidung wählten. Wir errichteten zunächst eine Tragkonstruktion, eben das Seilnetz, das so luftdurchlässig ist, daß es nur ganz geringe Windlasten einfängt. Das erlaubte es uns, das schlaffe Seilnetz am Boden zu flechten und dann hochzuziehen, ohne daß es fortgeblasen wird, weil es ja seine planmäßige Tragfähigkeit erst erlangt und verkleidet werden kann, wenn es über den Adventskranz und den mittleren Mast „vorgespannt" ist.

Gäbe es keinen Wind, hätten wir für den Kühlturmmantel kein Seilnetz mit Verkleidung, sondern einen textilen Membranmantel gewählt, der sich, entsprechend zugeschnitten, wie das Seilnetz aufhängen und „vorspannen" läßt. Beim Hochziehen aber hätte die Membran schon im geringsten Wind geflattert oder wäre gar zerfetzt worden. Jeder Segler weiß, wovon hier die Rede ist. Sein Segel flattert beim Hochziehen, Setzen genannt, und kommt erst zur Ruhe, wenn es voll vom Wind gebläht und gespannt ist.

Modell des Seilnetzkühlturms im Windkanal

So kam es bei unserem Seilnetzkühlturm zu einem ganz speziellen Bauzustand, als sein Netz hochgezogen und über den Adventskranz am Mast hing und gespannt, aber noch nicht verkleidet war, dazuhin gegliedert durch zwei Ringe, die Felgen der aussteifenden Speichenräder – ein Hauch einer Konstruktion, obwohl riesengroß (der obere Rand des Mantels hat 92 m Durchmesser in 146 m Höhe), Bilder, die sich offenbar einprägten!

Diese leichte Konstruktion war tatsächlich die visuelle Vorlage für den Killesbergturm, obwohl der funktionell, wie beschrieben, fast gar nichts mit einem Kühlturm gemein hat. Beide haben zwar dieselbe Tragkonstruktion, ein Seilnetz mit dreieckigen Maschen, das über einen Adventskranz und zentralen Mast aufgespannt ist, aber ganz unterschiedliche Belastungen. Beim auch viel kleineren Aussichtsturm treten an die Stelle der beiden Speichenräder vier große geschlossene Plattformen, die an ihrem Umfang am Seilnetz festgeklemmt sind und in ihrer Mitte auf dem Mast aufliegen, und es entfällt natürlich die Verkleidung, während Wendeltreppen hinzukommen.

Hochziehen des Seilnetzes

Der Seilnetzkühlturm, noch nicht verkleidet

Die Eigenlasten der filigranen Konstruktion des Aussichtsturms sind mit ca. 8000 kN oder 80 t (ohne die Fundamente) gering. Dominierend ist das Gewicht der Menschen, wenn wegen irgendeines besonderen Anlasses die Plattformen und die Treppen voll sind. Unsere DIN-Normen schreiben für einen solchen Fall 5 kN/m² (500 kg/m², also 6 Personen mit durchschnittlich 83 kg auf jeden Quadratmeter) vor, das ergibt für den ganzen Turm 1850 kN bzw. 185 t oder 2230 Menschen à 83 kg! Dafür sind alle Bauteile des Turms mit einem Sicherheitszuschlag zu bemessen.

Natürlich stellt sich auch der Aussichtsturm den horizontalen Windlasten entgegen, wobei aber der Windwiderstand des unverkleideten Seilnetzes kaum ins Gewicht fällt, auch nicht der Mast und die dünnen Plattformen mit ihren transparenten Geländern, solange keine Menschen drauf sind, schon eher die doppelten Wendeltreppen und die Menschen auf den Plattformen und den Treppen. Das ergibt, alles zusammen genommen, beim Killesbergturm bei einer Windgeschwindigkeit

47

Der Seilnetzkühlturm, noch ohne Verkleidung
(daneben ein Stahlbetonkühlturm)

Der Seilnetzkühlturm, teilweise verkleidet

von 150 km/h (wie sie für einen solchen Fall anzusetzen ist) eine horizontale Windlast von 30 t, also ungefähr 1/6 der vertikalen Last (während beim Seilnetzkühlturm dieses Verhältnis gerade umgekehrt war).

So könnte man die Entwurfsgenese des Killesbergturms nüchtern darstellen. Wie es wirklich war, läßt sich schwer sagen. Beim Entwurf mischen sich Wissen und Intuition, Bilder, Erfahrungen und Erinnerungen unauflösbar, hier vor allem die unangenehme Erfahrung, daß man auf manchen Türmen, kaum daß man die winzige oberste Plattform endlich erreicht hat und die Aussicht genießen will, bereits von den Nachkommenden wieder verdrängt wird. Also durfte unser Turm nicht zu klein sein und ist es mit seinen rund 40 m Höhe bis zur Mastspitze, seinem „Adventskranz", dem Druckring in 33,5 m Höhe und seinen vier Plattformen mit 14,5 – 10,4 – 8,2 – 7,8 m Durchmesser in 8 – 16 – 24 – 31 m Höhe auch nicht. Wer ganz hinauf will, muß 174 Stufen steigen. Vielleicht stiftet jemand gar noch ein paar Stühle, so daß man da oben sitzend den schönen Blick genießen oder an einem lauen Tag ein Buch lesen kann.

Eine doppel-läufige Treppe

Bei allem Respekt vor dem 21 m hohen Vorgängerturm an diesem Ort, der 1950 gebaut und 1974 abgebrochen wurde und eigentlich ein Aufzugsturm war (s. S. 42), wollten wir hier von vorneherein keinen Aufzug mit Schienen, Rollen, Türen, Knöpfen und Sicherheitsvorschriften, sondern nur das Einfachste, Nötigste, und das sind eben Treppen. Die aber sollten keine engen Wendeln mit Gegenverkehr sein, sondern großzügig weit geschwungene Spiralen und – der Clou – doppelläufig, je eine für die Hinaufsteigenden und die Herunterkommenden, mit 110 cm genügend breit für die hastigen Überholer, aber kein Ausweichen wegen Gegenverkehrs.

Dafür standen natürlich wieder angenehme und unangenehme Erfahrungen Pate: unangenehm die engen Wendeltreppen vieler Aussichtstürme, auf denen man sich innen nach oben zwängt, außen nach unten tastet und sich gegenseitig den Schweiß abwischt. Angenehm beispielsweise die steinerne Doppelwendel im Pozzo di San Patrizio, einem Brunnenschacht in Orvieto, 1527 unter Papst Clemens VII., aufgeschreckt durch die Plünderung Roms, zur Wasserversorgung im Falle einer Belagerung der hoch gelegenen Stadt von den Kaiserlichen Landsknechten 62 m tief ins Grundwasser gebohrt, damit Esel, ohne den Herunterkommenden zu begegnen, das Wasser nach oben tragen können. Warum soll für Menschen nicht auch gut sein, was sich bei Eseln bewährt hat?

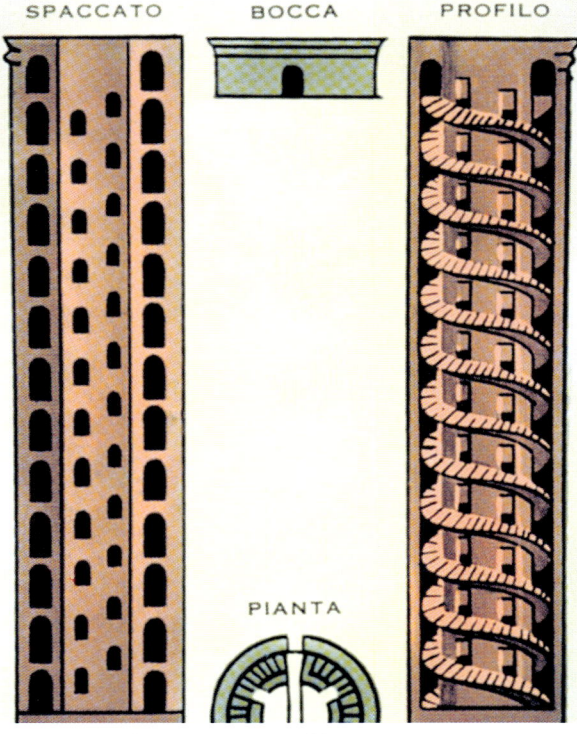

SPACCATO BOCCA PROFILO

PIANTA

Der Brunnen von Orvieto mit Doppelwendel

Beim Killesbergturm darf man bereits im Aufstieg den Rundblick genießen – ein bißchen schwindelfrei sollte man schon sein –, und wem es zu anstrengend oder zu hoch ist, kann sich ja mit den besonders großen unteren Plattformen begnügen und hat auch dort schon eine herrliche Aussicht.

Warum ein Seilnetz?

All dies, die großen Plattformen, die so weit vom Schaft aus nicht auskragen können, und die weit geschwungenen Treppen, die da außen ja nicht in der Luft schweben können, rief nach einer Tragkonstruktion, die einen großen Durchmesser hat, aber zugleich kaum sichtbar sein soll: eben diesem Seilnetz, genauer gesagt diesem mittels des zentralen Masts und des Adventskranzes „vorgespannten" Seilnetz.

Während der Vorbereitungen für die Internationale Gartenbauausstellung IGA '93 in Stuttgart verblüfften Rainer Graefe (jetzt Professor in Innsbruck) mit Murat Gappoev aus Moskau und Ottmar Pertschi aus Stuttgart Fachwelt und Laien gleichermaßen mit einer Ausstellung im Institut für Auslandsbeziehungen im Alten Waisenhaus in Stuttgart über die unglaublich leichten und filigranen Konstruktionen des russischen Bauingenieurs V. G. Suchov (1853–1939). Mancher kannte zwar seine Blechhängedächer der Allrussischen Ausstellung in Niznij Novgorod, 1896, oder seine Glasdächer im Kaufhaus GUM in Moskau, 1893, aber seine transparenten turmartigen Stabwerke, mit denen er Wassertürme (beispielsweise den von Niznij Novgorod), Funktürme, Leuchttürme und seine atemberaubenden 120 m hohen NIGRÉS-Stromleitungsmaste an der Oka, 1929, baute, waren sensationell.

Wasserturm von Niznij Novgorod

Stromleitungsmasten an der Oka

Der Entwurf des Killesbergturms stand zwar schon und war – wie gleich noch zu zeigen – mit Suchovs Türmen überraschend verwandt und doch ganz anders konzipiert. Vergleicht man aber die Wettbewerbszeichnung mit der Ausführungszeichnung des jetzt endlich gebauten Turms, so erkennt man eine kleine Veränderung, eine visuelle Verbesserung, die unter dem starken Eindruck dieser Ausstellung und als Reverenz an diesen genialen Russen nachträglich noch angebracht wurde.

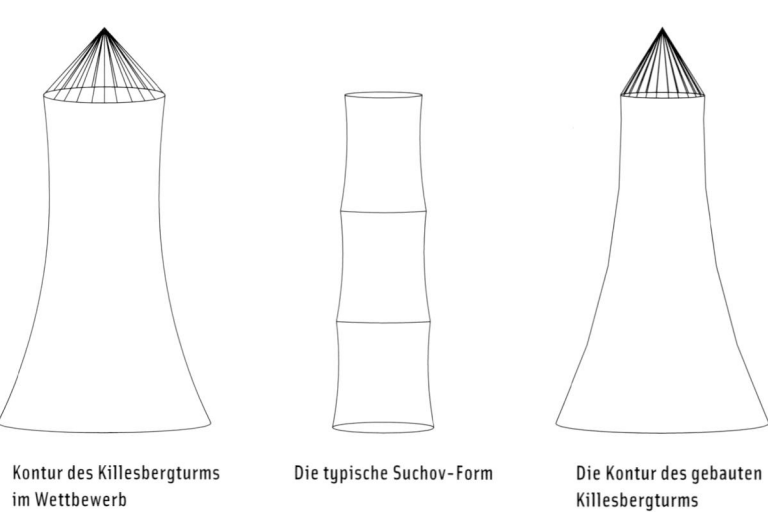

Kontur des Killesbergturms im Wettbewerb · Die typische Suchov-Form · Die Kontur des gebauten Killesbergturms

Suchovs Sende- und Stromleitungsmaste können oder dürfen sich nicht nach oben erweitern, sondern müssen sich kontinuierlich einschnüren, weil sie teleskopartig von unten nach oben montiert wurden.

Die Taillenform Vorgespannten Seilnetztürmen hingegen tut es gut, wenn sie insgesamt eine Taille haben, sich also von unten nach oben zunächst einschnüren, um sich dann wieder zu erweitern – um wie viel unterliegt der freien Entscheidung des Ingenieurs. Deshalb war diese visuelle Veränderung beim Killesbergturm, also die geringere Ausweitung am oberen Rand aus statischer Sicht nicht nötig, aber zulässig, weil emotional und visuell wünschenswert.

Wer genauer verstehen will, was nun wirklich der Unterschied zwischen Suchovs Stabtürmen und dem Seilnetzturm auf dem Killesberg ist und wie denn ein Seilnetz Lasten, also Druckkräfte, von oben nach unten tragen kann, ohne indischen Seiltrick und ohne schlaff zu werden, wodurch der ganze Turm ins Wackeln käme, oder wieso der zentrale Mast so dünn sein kann und am

Die Montage eines Suchov-Turms

Fuß auf einer Kugel steht, also kippen kann, was heißt, daß er sich nicht am Abtragen der horizontalen Windlasten beteiligt, sondern dies dem Seilnetz überläßt, der muß sich durch die nächsten Kapitel kämpfen. Wem das zuviel ist, kann sich im folgenden mit dem Anschauen der Bilder begnügen.

Das Tragverhalten (oder die Statik) eines Seilnetzturms

Wir können uns nochmals auf Suchovs leichte Stabtürme beziehen, um anschaulich – d.h. ohne wirkliche Statik und Berechnungen – zu versuchen, im Vergleich mit diesem das trickreiche Tragverhalten eines noch leichteren Seilnetzturms zu beschreiben. Wie kann der, trotz seiner Größe, mit diesen Menschenmassen und Windlasten fast spielerisch fertigwerden? Um dabei nicht völlig auszuufern sowie zugleich das dafür erforderliche Wissen – erworben in einem gründlichen Studium und ergänzt in langer Praxis – nicht zu verharmlosen, wollen wir uns dazu auf eine aus dem laufenden Text ausgegliederte kleine Zusammenfassung der Prinzipien des Leichtbaus bedarfsweise beziehen: „Leichtbau – wieso und wie?" (s.S. 82 – 93).

Wie tragen vertikale Röhren?

Ein Turm ist im Prinzip eine vertikale Röhre. Sie wird durch ihre Eigenlast (und die vertikalen Nutzlasten) auf den Boden bzw. ein Ringfundament gepreßt, während der Wind versucht, sie umzuwerfen. Wenn die Druckspannungen am Fuß aus den vertikalen Lasten größer sind als die Zugspannungen auf der Luvseite und wenn die Summe der Druckspannungen auf der Leeseite kleiner sind als die Festigkeit des Baugrunds, bleibt der Turm stehen. Wenn letzteres nicht der Fall ist, hilft ein breites Ringfundament. Natürlich muß auch die Röhre selbst die nötige Zug- und Druckfestigkeit haben, um nicht zu versagen. Für Schornsteine, die Treppenhauskerne von Hochhäusern, die Schäfte von Wassertürmen oder von Aussichtstürmen wählt man deshalb gerne druckfesten Beton, der als Stahlbeton mittels Bewehrungsstahleinlagen auch zugfest gemacht werden kann und sehr preisgünstig ist.

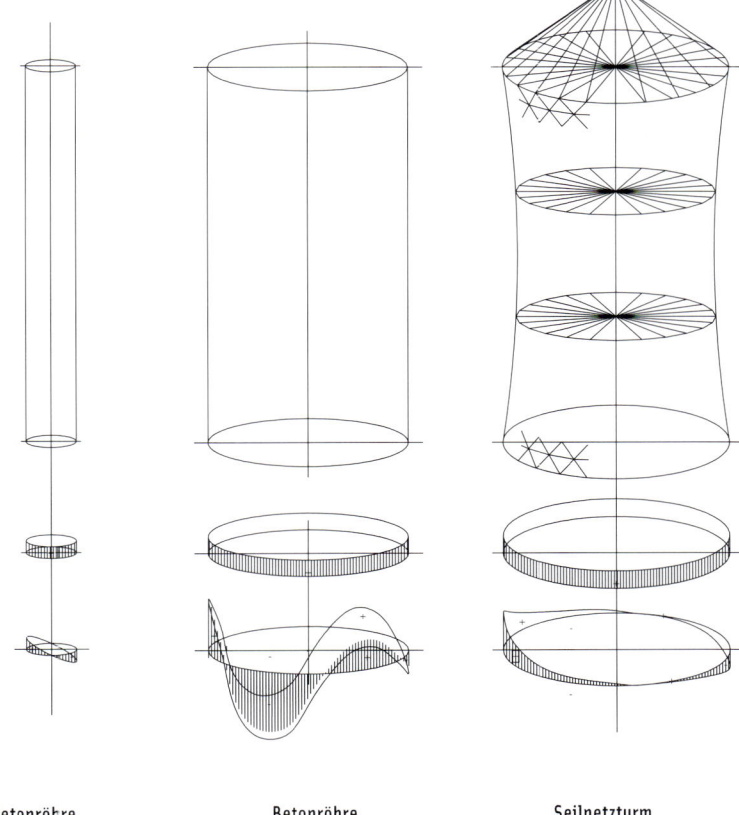

Eigengewicht

Wind

Spannungsverteilung
in der Bodenfuge von
Türmen (Röhren):
infolge Eigenlast
und Wind

Betonröhre
kleiner Durchmesser

Betonröhre
großer Durchmesser

Seilnetzturm
großer Durchmesser
mit Speichenrädern

Manchmal braucht man aber auch Röhren, deren Durchmesser
im Verhältnis zur Höhe sehr groß ist. Ein typisches Beispiel dafür
sind die allseits bekannten Stahlbetonkühltürme (s. S. 48). Die
größten sind fast 200 m hoch. Bei ihnen besteht die Gefahr, daß ihr
Kreisquerschnitt vom Wind verzerrt, ovalisiert wird. Dadurch
können die Druckspannungen auf der Leeseite zu groß werden,
weil ja Druck Knicken und Beulen auslösen kann (s. S. 86). Dieses
Problem war der Anlaß zur Entwicklung des oben beschriebenen
Seilnetzkühlturms, der gegen dieses Ovalisieren mit Speichenrädern ausgesteift ist. Dank dieser Speichenräder glätten bzw.
verringern sich die Zug- und Druckspannungen am Fuß ganz er-
heblich. Gegen das Knicken und Beulen ist der Seilnetzkühlturm
darüber hinaus „vorgespannt".

Zunächst zurück zu Suchov: Er baute seine Röhren seinerzeit nicht mit einer geschlossenen Stahlbeton- oder Stahlblechwandung, sondern löste sie in Stäbe auf, weil damals die Stahlbetonbauweise noch wenig entwickelt war. Damit sie der geschlossenen „schubsteifen" Wand gleichwertig sind, müssen die Stabmaschen dreieckig sein, Vierecksmaschen wären nicht stabil.

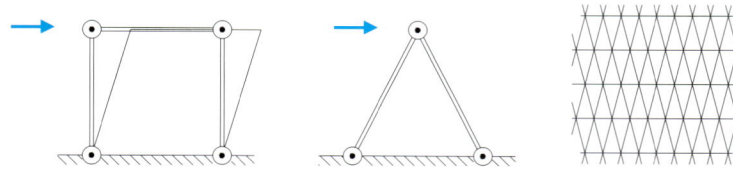

Nur dreieckige Maschen sind steif

Gegenüber der geschlossenen Röhre verminderte Suchov so zugleich die Windlasten und erfand eine einfache Montagemethode, das schon erwähnte teleskopartige Hochheben der einzelnen Stabrohrabschnitte, weshalb seine Türme auch nach oben konisch zulaufen müssen (s. S. 53).

Stabröhren   Dank der Dreiecksmaschen trägt Suchovs Stabröhre wie die beschriebene geschlossene Röhre mit Zugkräften in den Stäben auf der Luv- und Druckkräften in den Stäben auf der Leeseite. Die Dicken, die erforderlichen Querschnitte der Stäbe, bestimmen sich eindeutig aus den Druckkräften, so daß sie nicht knicken können. Da der Wind aus allen Richtungen bläst, also jeder Stab auf die Leeseite geraten kann, müssen alle Stäbe als Druckstäbe bemessen werden und relativ dick sein, weit dicker, als wenn es nur Luv- oder Zugstäbe gäbe. Die Formulierung eines auch unmöglich erfüllbar erscheinenden Wunsches ist oft schon die halbe Lösung.

Aus zwei Gründen hätte sich eine Stabröhre ähnlich der von Suchov – seine war zur Zeit des IGA '93-Wettbewerbs bei uns zwar noch nicht bekannt, aber 70 Jahre nach ihm war sein Ansatz durchaus Allgemeingut – nicht für diesen Aussichtsturm geeignet. Ihre Stäbe sind für eine freie Aussicht und für ein filigranes, durchsichtiges Erscheinungsbild zu dick, und der Durchmesser der Röhre in Relation zu ihrer Höhe muß im Hinblick auf die gewünschte Größe der Plattformen viel größer sein.

Wir entwarfen also, mit dem Erfahrungsschatz des Seilnetzkühlturms, eine Röhre großen Durchmessers aus Seilen, wie es sein muß und wie erklärt mit Dreiecksmaschen, woran die vier Aussichtsplattformen an ihrem Umfang festgeklemmt sind, so daß sie sich auf das Netz abstützen – tatsächlich „abstützen"? Seile können doch nicht stützen, Druckkräfte übertragen, Druckkräfte aus den Plattformen und weitere auf der Leeseite aus Wind! Doch, sie können es, wenn sie „vorgespannt" sind.

Die
Vorspannung

Im Text „Leichtbau" ist der Grundgedanke der Vorspannung an einem einfachen Beispiel verdeutlicht (s. S. 88 – 89): Wenn man ein Seil, das später gedrückt wird, vorher spannt, also „vorspannt", dann empfindet es den Druck als Abbau des Zugs und wird erst schlaff, wenn der Druck größer geworden ist als der vorher eingeprägte Zug, die „Vorspannung".

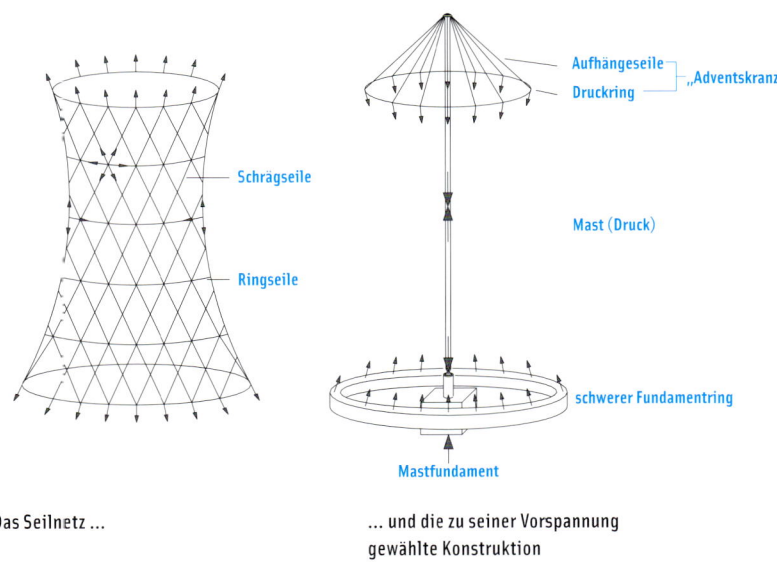

Das Seilnetz ...   ... und die zu seiner Vorspannung
                                    gewählte Konstruktion

Wir müssen also unser Seilnetz vorspannen, d.h. unter Zug setzen, bevor es durch die Menschen auf den Plattformen und durch Wind belastet wird, und zwar so, daß allen seinen Seilen, auch den Ringseilen, Zugkräfte eingeprägt werden. Letzteres wird durch den Zuschnitt, die taillierte Form erreicht: Die vier Ringseile (später durch die Plattformen ersetzt) werden gezogen, wenn sich die schrägen Seile straffen und nach außen bewegen wollen.

Für die Vorspannung an sich, die offenbar vorteilhaft über Zugkräfte am oberen und am unteren Rand in das Netz eingeprägt
wird, brauchen wir eine zusätzliche Konstruktion: Für den oberen Rand einen zentralen Mast, von dessen Spitze radiale Seile
zu einem Druckring führen, an dem die Netzseile befestigt sind.
Für den unteren Rand ein Ringfundament.

So wird
vorgespannt

Vorspannen kann man das Seilnetz nun entweder dadurch,
daß der Mast hydraulisch nach oben gedrückt wird oder daß an
der Verankerung jedes einzelnen Schrägseils entlang dem Ringfundament Spannschrauben vorgesehen werden. Die erste Art
erfordert, daß die Seile millimetergenau zugeschnitten sind (was
ja dadurch erleichtert wird, daß die Schrägseile so angeordnet
wurden, daß sie untereinander alle gleich sind), sonst würde sich
das Netz verzerren. Das individuelle Spannen der Seile ist zwar
umständlicher, hat aber den Vorteil, daß Längenfehler in den
Schrägseilen ausgeglichen werden können (der ganz aufmerksame Beobachter hat vielleicht bemerkt, daß die Schrägseile
tatsächlich nicht alle gleich lang sind, weil das Ringfundament
nicht total eben ist, sondern sich ondulierend dem natürlichen
Gelände anpaßt – eine kleine fertigungstechnische Schikane,
die uns aber wichtig war).

Wenn nun die äußeren Ränder der Plattformen (innen liegen sie
auch auf dem Mast auf) und die Treppen in dieses vorgespannte
Netz eingehängt und mit Menschen belastet sind, stützen sich
deren vertikale Lasten anteilig über die vorgespannten Seile nach
unten ab oder hängen sich nach oben auf und kommen über den
Adventskranz in die Mastspitze und von dort als Druckkraft im
Mast in dessen Fundament.

Die Rolle des
zentralen Masts

Gegenüber den horizontalen Windlasten wirkt der Seilnetzmantel wie ein vertikales Rohr (s. S. 55). Er ist durch die Plattformen
ausgesteift, und der Wind erzeugt Zugkräfte in den Seilen auf der
Luv- und Druckkräfte in den Seilen auf der Leeseite. Die Druckkräfte können die Seile wieder dank der Vorspannung abtragen.
Diesmal stützen sich die Druckkräfte allerdings ausschließlich
über die Seile nach unten ab und es hängt sich nichts auf, weil der
Mast am Fuß gelenkig gelagert ist und keine horizontalen Windlasten abtragen kann und soll. Für die Windlasten hält der Mast
„nur" die Vorspannung aufrecht.

Das ist natürlich so gewollt, weil schon eine geringe horizontale Windlast an der Mastspitze, wenn sie über Biegung des unten eingespannten Masts abgetragen werden sollte, diesen sehr dick und häßlich machen würde. Demgegenüber ist das vorgespannte Netz viel steifer und effizienter trotz seiner geringen Querschnitte. Das Netz ist so steif, daß es sogar sinnvoll ist – wieder ganz im Gegensatz zum Seilnetzkühlturm –, die Koppelung von Netz und Mast durch die Plattformen zu nutzen, um den Mast in Höhe der Plattformen festzuhalten und so gegen Knicken zu sichern. Deshalb kann der Mast, trotz seiner hohen Druckkräfte, so schlank sein.

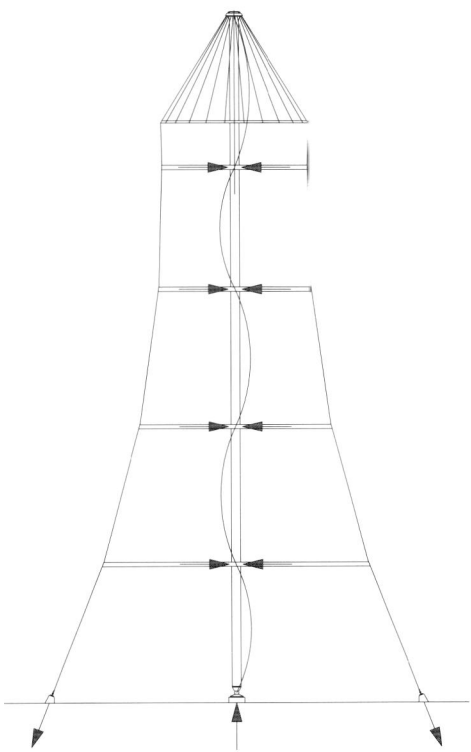

Der Seilnetzmantel stabilisiert den Mast; er könnte nur zwischen den Plattformen ausknicken, nicht insgesamt.

Weil die Vorspannung im Seilnetz Druck in Zug wandelt und deshalb im Seilnetz stets nur Zug auftritt, kann es eben ein Netz aus dünnen Seilen sein und braucht es (vom Mast und oberen Druckring abgesehen) keine Druckstäbe, die der Knickgefahr unterliegen. Zugseile aber können aus Drähten hoher Festigkeit hergestellt werden und sind deshalb viel dünner als Druckstäbe gleicher Festigkeit.

Die Festigkeit der Seile

Die Netzseile des Killesbergturms sind Spiralseile mit nur 18 mm Durchmesser (geflochten aus 37 einzelnen verzinkten Drähten mit je 2,6 mm Durchmesser). Ihre Zerreißlast beträgt 277 kN (28 t). Ein Zugstab aus normalem Baustahl müßte etwa den 3fachen Querschnitt haben. Als Druckstab, hier mit einer Länge von Plattform zu Plattform von über 8 m, könnte er nur minimale Druckkräfte tragen und würde sofort knicken bzw. müßte, um die 277 kN zu ertragen, ein Rohr sein mit ungefähr 200 mm Durchmesser. Das Verhältnis 18/200 mm möge zeigen, wie

wirksam die Vorspannung und wie filigran ein Mantel aus einem
vorgespannten Seilnetz im Vergleich selbst zu einer eleganten
Stabröhre suchovscher Bauart ist.

All das zuletzt Beschriebene läßt sich natürlich mit den heutigen
computergestützten Methoden der Baustatik exakt berechnen.
Hier ein paar Ergebnisse (1 kN = 100 kg, 1 Tonne = 10 kN, Kräfte
im Gebrauch, also ohne Sicherheitszuschläge)

MAST

Druckkraft unter Vorspannung allein	3500 kN
Druckkraft unter Vollast auf allen Plattformen und Treppen	
am Kopf	3625 kN
am Fuß	4400 kN

SEILNETZ

Zugkraft in jedem der 48 Schrägseile unter Vorspannung	88,5 kN
max. Zugkraft in den Schrägseilen unter Vollast	98,9 kN
min. Zugkraft in den Schrägseilen unter Vollast	30,1 kN
max. Zugkraft in den Schrägseilen auf der Luvseite infolge Wind	97,1 kN
min. Zugkraft in den Schrägseilen auf der Leeseite infolge Wind	14,3 kN

ADVENTSKRANZ

max. Druckkraft im Druckring	410 kN
max. Zugkraft in den 24 Aufhängeseilen	186,4 kN

OBERE PLATTFORM

maximale horizontale Verformung der oberen Plattform unter einseitiger Last und vollem Wind	110 mm
maximale vertikale Verformung des Außenrandes der oberen Plattform unter Vollast und Wind	22 mm

Die Konstruktion

Kennt man die Kräfte S [kN] in den einzelnen Bauteilen und wählt die für sie geeigneten Werkstoffe und kennt damit auch deren Festigkeiten β [kN/mm²], lassen sich die für die Tragsicherheit erforderlichen Querschnittsabmessungen A [mm²] ermitteln, wobei zur Sicherheit die Kräfte im Gebrauch mit einem Lastfaktor γ_L erhöht werden, um Fehler in den Lastannahmen und der statischen Berechnung zu erfassen und die Werkstoffestigkeiten durch den Materialfaktor γ_M geteilt werden, um Werkstoffmängel zu erfassen. So ergibt sich:

$$\frac{\gamma_L \cdot S}{A} \leq \frac{\beta}{\gamma_M} \qquad \text{oder erforderlich } A = \frac{\gamma_L \cdot \gamma_M \cdot S}{\beta}$$

MAST

$\approx$ 41 m lang, Durchmesser 508 mm,
Wandstärke 25 mm

SEILNETZ

24 links- und 24 rechtsdrehende Schrägseile,
Spiralseile aus 37 Drähten, Durchmesser 18 mm

ADVENTSKRANZ

Aufhängeseile Spiralseile Durchmesser 24 mm,
Druckring aus Blechen verschweißt, Blechdicke 20 mm

TREPPEN

Außenrohre am Seilnetz Durchmesser 194 mm,
Wandstärke 10 mm, Wangen an Innenseite 200/25 mm²

Damit können die Entwurfszeichnungen materialisiert und die konstruktiven Details, also insbesondere die Verbindungen der einzelnen Bauteile, entwickelt und ebenfalls bemessen werden. Das sind hier speziell die Seilverankerungen und Seilklemmen, die Befestigungen der Plattformen am Seilnetz, die Details des Adventskranzes bis hin zur Fahnenstange, die Plattformen selbst und ihre Auflager am Mast, der Mastfuß, die Geländer der Plattformen und Treppen usw.

Dies erfordert viel Sorgfalt und Liebe zum Detail, weil davon einerseits die Sicherheit und andererseits das Aussehen des Turms bestimmt wird.

Seitenansicht

40.30 _____

A

Mastkopf

Aufhängeseile
33.50 _____

B

Druckring

„Adventskranz"

31.00 Plattform 4 _____

Netzseile

24.00 Plattform 3 _____

16.00 Plattform 2 _____

C

D

Mast

8.00 Plattform 1 _____

Seilnetzgeländer

E

Treppe

0.00 _____

F

Fundamente

21.00

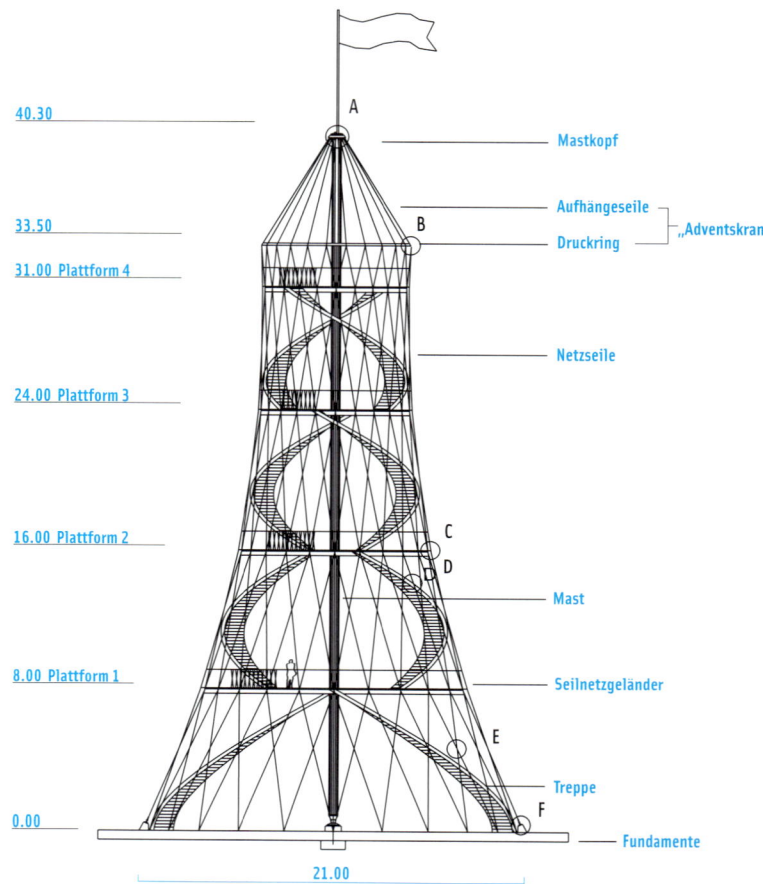

Draufsicht

14.48

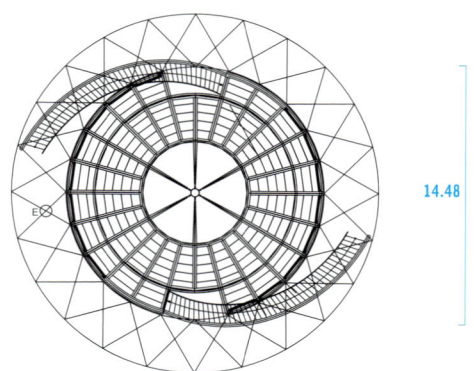

62

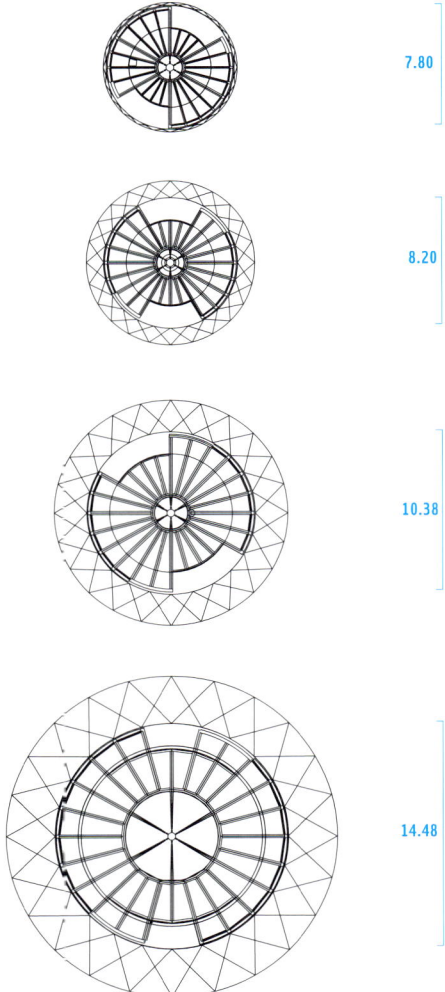

7.80

8.20

Die vier Plattformen

10.38

14.48

Das Seilnetz und Die Plattformen sind innen am Mast gelagert und an ihrem
die Plattformen Umfang an den Kreuzungspunkten der Netzseile mittels
Preßfittingen am Netz befestigt (Detail C). Entlang den zwei
Treppenlöchern jeder Plattform entfallen diese Befestigungen
und „dellt" das Seilnetz etwas ein. Das wäre mit einem Ringträger
entlang den Treppenlöchern in Höhe der Plattformen vermeidbar
gewesen; diese hätten jedoch keine Lasten übertragen und die
Aussicht von der Treppe aus gestört, also wurden sie weggelassen
in der Hoffnung, daß man versteht, woher diese „Dellen" im
Seilnetz kommen. Die Treppen werden allein vom Seilnetz
getragen, indem ihre Rohre, wo sie die Schrägseile kreuzen, daran
festgeklemmt sind (Detail D). An den freien Kreuzungspunkten
sind die Netzseile mit einfachen Klemmen gekoppelt, damit sie
nicht aneinander scheuern (Detail E).

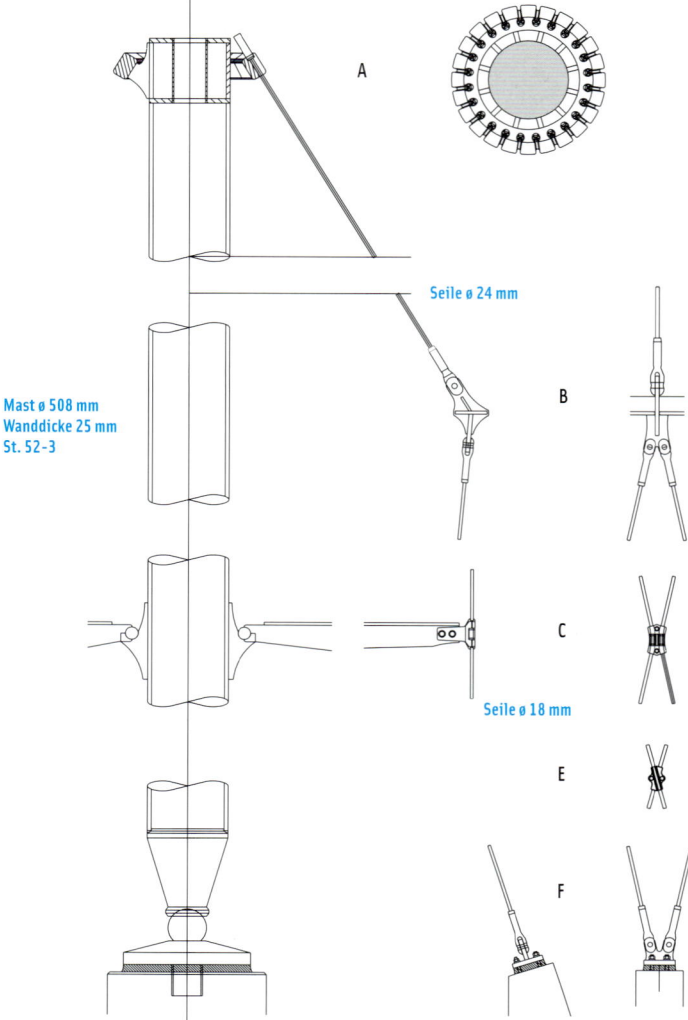

Details

A

Seile ø 24 mm

Mast ø 508 mm
Wanddicke 25 mm
St. 52-3

B

C

Seile ø 18 mm

E

F

Korrosionsschutz   Alle Seile einschließlich ihrer Beschläge sind verzinkt. Dies
garantiert einen sicheren Korrosionsschutz über viele Jahre ohne
Anstrich. Gerade bei diesen Bauteilen, die die Funktionsweise
der Konstruktion gut ablesbar machen, wäre ein Anstrich gar
nicht schön.

Alle Stahlbauteile haben zusätzlich zur Verzinkung einen 2fachen
Anstrich. Die Hohlprofile, also der Mast und die Treppenrohre,
sind auch innen und außen verzinkt. Die begehbaren Riffelbleche
der Plattformen und Treppenstufen sind nur verzinkt.

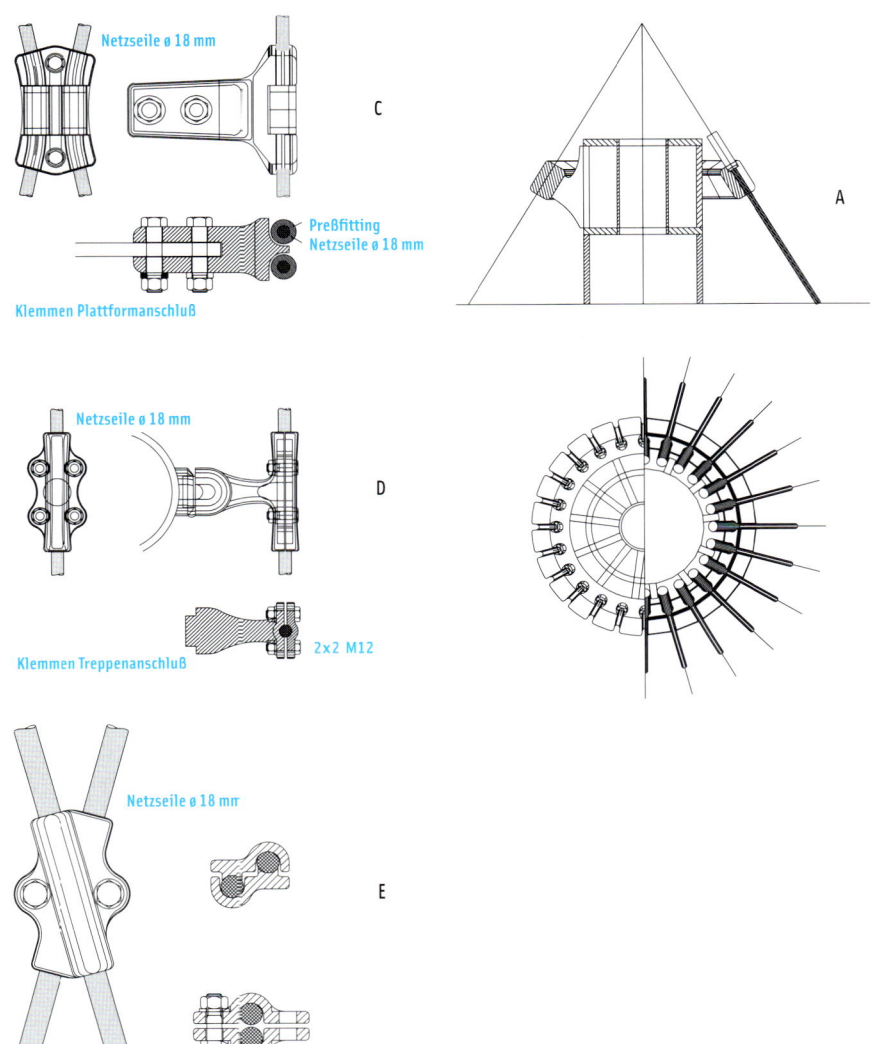

Netzseile ø 18 mm

C

Preßfitting
Netzseile ø 18 mm

Klemmen Plattformanschluß

A

Netzseile ø 18 mm

D

Klemmen Treppenanschluß

2x2 M12

Netzseile ø 18 mm

E

Stahlgußteile   Die Seilklemmen zur Befestigung der Plattformen und Treppen am Seilnetz und die Anschlußklemmen für die Geländer sind teilweise aus Stahlguß, teilweise gefräst. Stahlguß hat ja zur Frühzeit des Eisenbaus im Zuge der industriellen Revolution im 18./19. Jahrhundert eine große Rolle gespielt, geriet aber dann in Vergessenheit, weil er damals sehr spröde, nicht schweißbar und unzuverlässig war. Das gilt heute nicht mehr: Er kann mit garantierter Qualität bei hoher Festigkeit, Duktilität und Schweißbarkeit sehr zuverlässig hergestellt werden. Mit dem Olympiadach in München erfuhr er eine Renaissance im Bauwesen, weil es damals gelang, die Gußformen sehr einfach aus Schaumstoff herzustellen. Er eignet sich gerade auch für Seilklemmen und -beschläge, weil diese mit Stahlguß schön und dem Kraftfluß entsprechend geformt werden können.

Die Seile

Für die Netz- und Aufhängeseile werden offene Spiralseile ⌀ 18 mm und ⌀ 24 mm aus je 37 bzw. 61 Drähten ⌀ 2,6 mm verwendet. Ihre Zugfestigkeit beträgt $\beta = 1{,}57$ kN/mm². Dank dieser relativ dicken Drähte sind sie ziemlich unempfindlich gegen die Querpressungen an den Klemmen und können mit Preßfittingen, also hydraulisch aufgepreßten Verankerungsklemmen verankert werden. Die Schlaglänge eines Seils bestimmt seine Dehnsteifigkeit und seine Biegsamkeit.

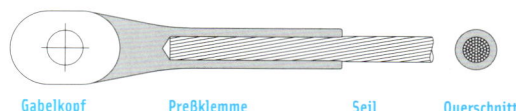

Gabelkopf   Preßklemme   Seil   Querschnitt

Ein Spiralseil mit Preßfitting und Gabelkopf

Weil die Seile dieses Turms fast gerade eingebaut sind (also nicht über Sättel umgelenkt werden, wie beispielsweise auf den Masten oder Pylonen von Brücken) und gleichzeitig möglichst dehnsteif sein sollen (damit die Plattformen außen steif gelagert sind), wurde hier eine relativ große Schlaglänge gewählt.

Trotz aller Erfahrung mit Seilen wurden vor der Endfertigung Drähte und Musterseile einschließlich ihrer Endverankerung einer gründlichen Prüfung unterzogen, wobei die Tragkraft der Seile durch die Preßverankerungen nicht mehr als 10 % gemindert werden darf.

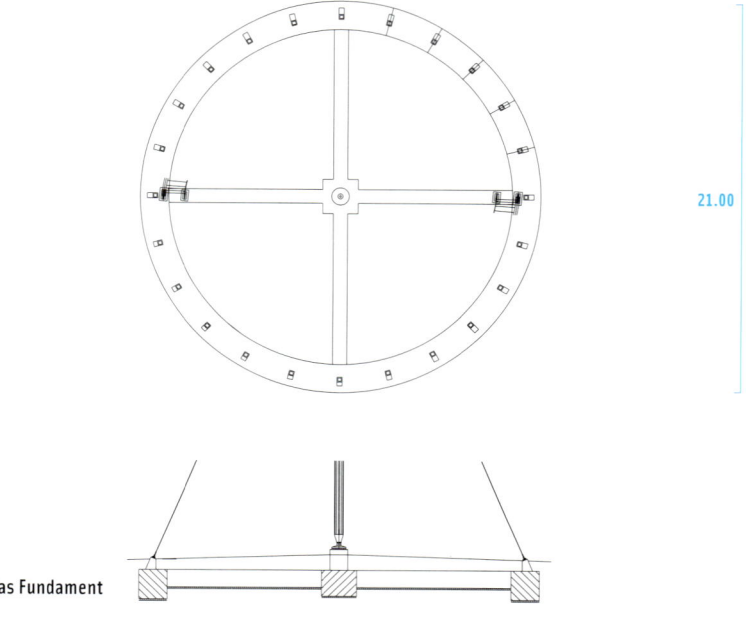

21.00

Das Fundament

Herstellung und Montage

Typisch für derartige Stahl- und Seilbauten ist, daß sie – abgesehen natürlich von den Stahlbetonfundamenten, die zuerst vor Ort gegossen werden – in möglichst großen, gerade noch transportfähigen Einheiten in der Werkstatt vorgefertigt und auf der Baustelle zusammengesetzt, verschraubt und verschweißt werden.

Die Vorfertigung in der Werkstatt

Je komplizierter eine Konstruktion ist, das gilt hier vor allem für die verwundenen und sich ständig ändernden Treppenläufe, aber auch für die Plattformen, desto wichtiger ist eine präzise Vorfertigung, damit auf der Baustelle alles paßt und nichts zeitaufwendig und oft mit unschönem Resultat angepaßt werden muß. Dazu werden die besonders kritischen Segmente sogar in der Werkstatt zur Probe zusammengebaut und für den Transport wieder zerlegt!

Die Baustellenmontage

Höchste Genauigkeit erfordert das Ablängen der Seile, damit das Netz, seine vorgegebene Geometrie annimmt und alle Seile gleichmäßig vorgespannt sind.

Auf der Baustelle wäre es natürlich am elegantesten gewesen, zuerst den Mast zu stellen und (wie beim Seilnetzkühlturm) das Netz aufzuspannen und dann die Plattformen und Treppen einzuhängen. Dafür müßten letztere aber in so kleine Teile zerlegt angebracht werden, daß sie durch die Netzmaschen hindurch passen, was unrationell viel Baustellenschweißen erfordert hätte.

Fertigung in der Werkstatt

Deshalb entschied sich die Firma Roleff dafür, nach dem abschnittsweisen Aufstellen des Masts die Plattformen und die Treppen um ihn herum auf Hilfsstützen komplett zu montieren und erst danach den Adventskranz aufzusetzen. Jetzt konnten die Netzseile zwischen dem oberen Druckring und dem Fundamentring schlaff eingebaut und daran die noch auf dem Gerüst liegenden Plattformen an ihrem äußeren Umfang befestigt werden. Danach wurden die Netzseile einzeln an ihren Fundamentverankerungen vorgespannt. Diese Vorspannung erst verlieh dem Netz seine Tragfähigkeit. Damit konnten auch die Treppen an das Netz gehängt und die Hilfsstützen ausgebaut werden – der Turm stand frei!

Anlieferung an der
Baustelle, Montage
der Treppen und Plattformen

Stufenweiser Aufbau des Turms

Details

Der fertige Turm

Die ersten Besucher

1838

1838 Meter, fast 2 Kilometer Seil,
wurden im Killesbergturm verspannt

Jörg Schlaich

Leichtbau – wieso und wie?

Jede intelligent und verantwortungsbewußt entworfene Baukonstruktion will „so leicht wie möglich" sein. Ihre Aufgabe ist es, „Nutzlasten" zu tragen. Die Eigenlasten der Konstruktion selbst sind ein unvermeidliches Übel. Eine Konstruktion kann als um so „leichter" bezeichnet werden, je kleiner das Verhältnis ihres Eigengewichts zu der von ihr getragenen Nutzlast ist.

Wir erkennen gleich anschaulich, daß eine aus Seilen geknotete Hängebrücke offenbar leichter ist als eine aus Stäben verschweiß-te Fachwerkbrücke, und diese als eine aus Beton gegossene Balkenbrücke, fragen dann aber auch sofort, warum dann nicht ausschließlich Hängebrücken gebaut werden, sondern nur relativ wenige und diese nur für große Spannweiten, um so intuitiv zu verstehen, daß die Forderung nach Leichtigkeit offenbar nicht das einzige Kriterium beim Entwurf von Baukonstruktionen sein kann.

In der Tat, die leichten Konstruktionen haben zwei Erbfeinde: die „natürlichen Lasten" und die heutigen hohen Lohnkosten. Die Leichtbauten neigen zu großen schädlichen Verformungen unter Schnee und Temperaturwechseln, sie sind empfindlich gegen winderregte Schwingungen, die sie zerreißen können (das Tacoma-Trauma der Bauingenieure), tun sich aber mit Erdbeben buchstäblich leicht. Während man diesen natürlichen Angriffen mit geistreicher Formgebung und geschickter Verspannung durch-aus begegnen kann, hat man gegen die heutigen hohen Lohnkosten und unseren sorglosen Umgang mit den natürlichen Ressourcen, die das Klotzen fördern und das Filigrane behindern, in einer materialistischen Gesellschaft kaum eine Chance.

Argumente für den Leichtbau

Bevor wir besprechen, wie man Leichtbauten entwirft, wollen wir fragen, wieso es sich heute trotzdem noch lohnen könnte, Leichtbau zu betreiben. Die schlechten Erfahrungen mit einem Zweig des Leichtbaus, den Betonschalen, die fast ganz verschwun-den sind, könnten einen ja abschrecken, Anstrengungen zu unternehmen, den Leichtbau zu fördern und zu entwickeln. Dennoch: Nie war Leichtbau zeitgemäßer und notwendiger als heute, und zwar aus ökologischer, soziologischer und kultureller Sicht.

Ökologisch gesehen: Leichtbau ist materialsparend, weil er versucht, die Werkstoffestigkeiten optimal auszunutzen und so keine Ressourcen vergeudet. Leichtbau ist in der Regel demontierbar und seine Bauteile sind wiederverwendbar (recyclebar). Leichtbau bremst die Entropie und erfüllt mehr als andere Bauweisen die Anforderungen an eine zukunftsfähige oder nachhaltige (sustainable) Entwicklung.

Soziologisch gesehen: Leichtbau schafft Arbeitsplätze, weil feingliedrige Konstruktionen sorgfältig durchgebildete, arbeitsintensive Details erfordern, mit einem hohen Planungs- und vor allem Fertigungsaufwand. Die mentale Anstrengung tritt an die Stelle der physischen, Zeit und Handwerk verdrängen die Strangpresse wieder – Freude am Konstruieren statt Klotzen! Solange in unserem heutigen Wirtschaftssystem Arbeitszeit noch gleichgesetzt wird mit Kosten, wir für die Rohstoffe nur ihren Förderaufwand bezahlen und insgesamt die „externen Kosten" noch nicht einrechnen, sind Leichtbauten teurer als funktionell gleichwertige plumpe Bauten. Diese Mehrkosten sind aber nichts als Arbeit, Qualität hat ihren Preis, aber auch ihren Lohn. In Zeiten der Arbeitslosigkeit und des schwindenden handwerklichen Könnens erwächst so den Bauherren eine hohe sozialpolitische Verantwortung. Sie machen es sich zu leicht und denken zu eng, wenn sie sich bei der Vergabe an den Billigstbieter auf ihren Zwang zur Sparsamkeit berufen.

Wegen seiner prinzipiell höheren Kosten kann der Leichtbau in den Ruch des Elitären geraten. In der Tat scheint es, als könnten sich ihn nur Banken und Versicherungen, gelegentlich noch Museen, leisten, nicht aber der Wohnungsbau und der alltägliche Industriebau. Und die Ingenieure und Architekten genießen den Abglanz des Elitären, der im krassen Gegensatz steht zum Geist der Pioniere des Leichtbaus: Buckminster Fuller, Konrad Wachsmann, Wladimir Suchov, Max Mengeringhausen, Frei Otto. Sie treiben den konstruktiven Exhibitionismus immer weiter und merken nicht, daß drum herum 98 % des Gebauten viel eher ihrer Zuwendung bedürfte und deshalb ihr Tun zutiefst asoziale Züge hat – der Verfasser weiß, wovon er redet und klagt sich auch selbst an. Gefragt ist ein vernünftiger, bescheidener, effizienter, aber eben auch bezahlbarer Leichtbau.

Kulturell gesehen: Leichtbau, verantwortungsbewußt und diszipliniert betrieben, kann einen wesentlichen Beitrag zur gestalterischen Bereicherung der Architektur leisten. Leicht, filigran und weich weckt angenehmere Empfindungen als schwer, plump und hart. Typischer Leichtbau macht den Kraftfluß ablesbar, der aufgeklärte Mensch will verstehen, was er sieht. So kann der Leichtbau über seine rationale Ästhetik Sympathien für die Technik, das Bauen und die Ingenieure einwerben. Er kann den Ingenieurbau herausführen aus seiner heute weitverbreiteten Monotonie und Phantasielosigkeit und ihn wieder zu einem integralen Teil der Baukultur machen.

Methodik   Wie geht das nun, Leichtbau? Wenn wir leichte Baukonstruktionen entwerfen wollen, müssen wir uns *erstens* an eine ganz besondere, ungünstige Eigenschaft der Eigenlasten erinnern: Die Dicke eines biegebeanspruchten Balkens, der sich nur selbst tragen muß, wächst nicht nur proportional zu seiner Spannweite (wie aus falscher Gewohnheit oft unterstellt wird), sondern mit ihrem Quadrat! Wenn er beispielsweise bei 10 m Spannweite 0,2 m dick sein muß, dann muß er bei 100 m Spannweite nicht nur 10fach, sondern 10 x 10fach dicker, also 20 m dick sein, und sein Gesamtgewicht wächst gar um den Faktor 1000!

Der Maßstab   Diese wichtige Rolle des Maßstabs war schon Galileo Galilei bekannt. Er veranschaulichte sie durch den Vergleich eines kleinen dünnen Vogelknochens mit dem entsprechenden großen plumpen eines Dinosauriers. Daraus lernen wir, daß Baukonstruktionen um so schwerer werden, je größer ihre Spannweiten sind und wir deshalb unnötig große Spannweiten meiden sollten.

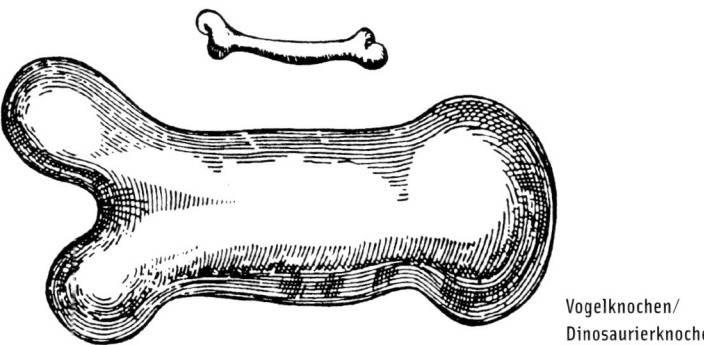

Vogelknochen/
Dinosaurierknochen

Keine Biegung   Dieses Naturgesetz des Maßstabs kann man aber mit einigen Tricks unterlaufen, und zwar, wenn man zunächst *zweitens* biegebeanspruchte Bauteile zugunsten rein axial auf Zug oder Druck beanspruchter Stäbe vermeidet, also den Balken auflöst. Das geht grundsätzlich immer, wie wir vom Fachwerkträger her wissen. Bei Stäben wird die gesamte Querschnittsfläche gleichmäßig ausgenützt und alles Unnötige weggelassen, bei Biegung sind nur die Randfasern voll beansprucht, während in der Mitte untätiges Material mitgeschleppt werden muß.

Zug statt Druck   Dabei sind offenbar zugbeanspruchte Stäbe günstiger als druckbeanspruchte, weil erstere reißen, wenn ihr Werkstoff versagt, während schlanke druckbeanspruchte durch Knicken, ein plötzliches seitliches Ausweichen, versagen. Das läßt sich ganz leicht an einem langen Bambusstock ausprobieren: wir können ihn von Hand nicht zerreißen, aber wenn wir uns auf ihn abstützen wollen, knickt er schnell.

Fest und leicht   Diese günstigen zugbeanspruchten Bauteile werden *drittens* um so effizienter, je größer ihre Zugfestigkeit β und je kleiner ihre Rohdichte γ, also je größer ihre Reißlänge β/γ ist. Diese anschauliche Größe steht für die Länge, die ein Faden, der senkrecht nach unten hängt, erreichen kann, bis er unter seinem Eigengewicht reißt (Tabelle). Holz ist im Vergleich zu Stahl erstaunlich leistungsfähig, ganz zu schweigen von natürlichen oder künstlichen Fasern.

BAUSTOFF	β [N/mm²]	γ [g/cm²]	β/γ [km]
Baustahl St 52	520	7,8	6,5
Kiefernholz	100	0,5	19,6
Stahldraht	1800	7,8	22,6
Glasfaser	2400	2,5	94,2
Aramidfaser	2700	1,42	186,5

Brückenbau   Diese drei ersten Ansätze für den Leichtbau eröffnen uns bereits die ganze Formenvielfalt des Brückenbaus. Wir erkennen (s. S. 87) die Auflösung des Balkens zum Fachwerk und dann (links) die Bogentragwerke, die ihre Lasten hauptsächlich über Druckkräfte, und ihre Umkehrung (rechts), die Hängetragwerke, die die besonders günstige Zugbeanspruchung nutzen. Ganz unten finden wir die minimalsten Tragwerke, den reinen Bogen oder das zwischen zwei Felswänden hängende Seil, die so aber als Tragwerke untauglich sind, weil sie sich unter Lasten zu sehr verformen würden.

Man kommt so auf die verschiedensten Lösungen dazwischen, Versteifungen der Bögen und Hängeseile durch Koppelungen mit der Fahrbahn und alle Arten von Verspannungen, Stabbögen, Sprengwerke sowie die Schrägseilbrücken und Hängebrücken usw. Je weiter wir nach unten fortschreiten, von den dreieckigen zu den viereckigen Maschen, desto leichter, aber auch desto

weicher und kritischer gegen winderregte Schwingungen wird
es, und darin spiegelt sich die ganze Herausforderung und der
Reiz des Brückenbaus wider.

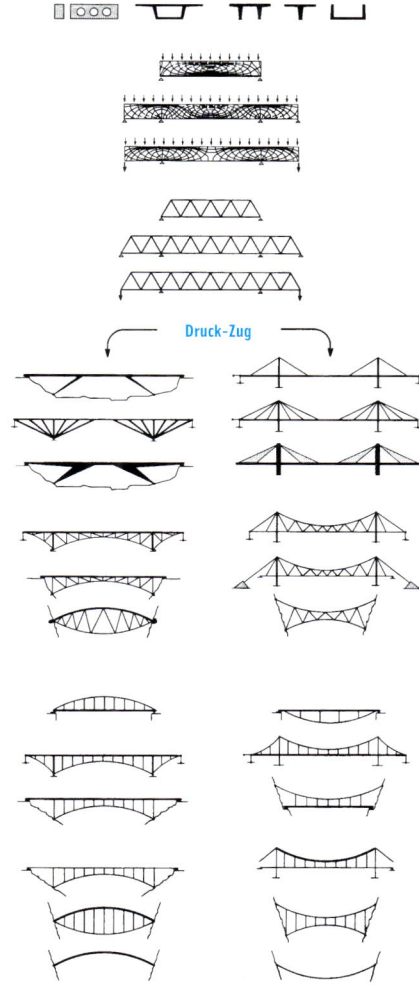

Die Entwicklung des Brückenbaus

Der aufmerksame Beobachter des heutigen Brückenbaus wird
bestätigt finden, daß man dort recht pragmatisch „so schwer wie
gerade vertretbar" baut. Bis ca. 100 m Spannweite wählt man
Balken, bis ca. 250 m Bögen bzw. Fachwerke. Man erlaubt sich bis
dahin Eigenlasten, die mindestens dem 5fachen der Nutzlasten
entsprechen. Oberhalb ca. 300 m schlägt das Eigengewicht aber
so stark zu Buche, daß nur noch zugbeanspruchter „Leichtbau",
Schrägseilbrücken und selbstverankerte Hängebrücken bis
ca. 1000 m und darüber hinaus rückverankerte Hängebrücken
in Frage kommen.

Die derzeit größten Schrägseilbrücken sind der Pont de Normandie in Frankreich mit 856 m Spannweite und die Tatarabrücke in Japan mit 890 m, die größten Hängebrücken die Storebeltbrücke in Dänemark mit 1624 m und die Akashibrücke in Japan mit 1990 m. Die projektierte 3500 m weit gespannte Hängebrücke über die Straße von Messina soll von 4 Kabeln mit je 1,7 m Durchmesser getragen werden. Deren Tragfähigkeit ist bereits zur Hälfte dadurch aufgezehrt, daß sie sich selbst tragen müssen, nur die andere Hälfte bleibt für die gegen die Eigenlast der Kabel und des Brückendecks verschwindend kleine Nutzlast.

Definitionsgemäß ist das also absolut kein Leichtbau mehr, aber leichter geht es bei so großen Spannweiten mit den heutigen Werkstoffen nicht – die Grenze des Baubaren ist erreicht – es sei denn, es gelingt einmal, die Stahlkabel durch Kunststoffasern mit einem wesentlich größeren β/γ (s. Tabelle S. 86) zu ersetzen.

So fragt man sich, warum man diesem Leichtbau, um der Ressourcenersparnis und der Baukultur willen, nicht auch die Brücken kleiner Spannweiten eröffnet. Viele schöne Fußgängerbrücken, bei denen es besonders auf einen menschlichen Maßstab ankommt, zeigen, daß es geht und sich lohnt.

Vorspannung

Einen besonders geistreichen Trick, Leichtigkeit zu erreichen, sollten wir noch kurz erwähnen, nämlich *viertens* die Vorspannung, die erlaubt, eine ungünstige Druckbeanspruchung in eine Zugbeanspruchung zu verwandeln. Im Falle des zwischen Decke und Boden gespannten Seils (s. S. 89), das eine Last dank der Vorspannung zur Decke auf Zug und zugleich zum Boden auf Druck abträgt, wird also durch die Vorspannung erreicht, daß alle Bauteile immer mitwirken, also selbst druckbeanspruchte Seile nicht schlaff werden. Darüber hinaus „erinnert" sich das Verformungsbild selbst dann noch an die Vorspannung, wenn der untere Seilabschnitt schlaff geworden ist. So lassen sich sehr leichte effiziente Seilbinder oder Seilnetze bauen, die wie ideale Strukturen aus zug- und druckfesten Stäben oder wie Schalen wirken.

Wir kennen vielfältige Anwendungsmöglichkeiten dieses Prinzips, vom Spannbeton über die vorgespannten Schrauben und Erdanker bis zum Speichenrad. Im Beispiel (s. S. 89) des mit Seilen ausgekreuzten Stabvierecks trägt die druckbeanspruchte Seildiagonale mit, weil sie vorgespannt ist.

Ihr wurde zunächst eine Zugbeanspruchung eingeprägt, so daß sie, wenn sie gedrückt wird, keinen Druck, sondern einen Abbau von Zug spürt, was statisch gleichwertig ist.

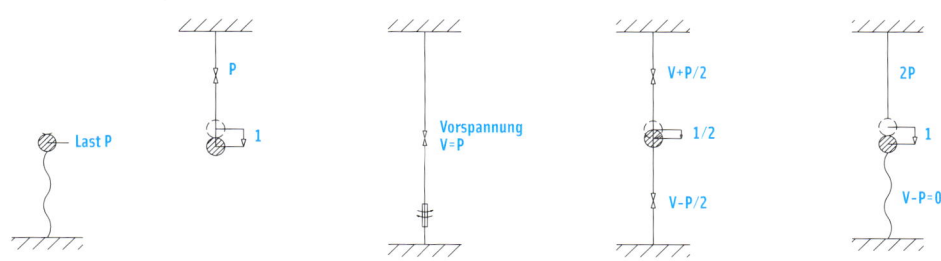

Ein schlaffes Seil kann nicht stützen.

Ein Seil taugt aber zum Aufhängen einer Last.

Das an Decke und Boden befestigte, aber noch unbelastete Seil wird mit einem Spannschloß auf die Kraft V vorgespannt.

Die mittig an das vorgespannte Seil angehängte Last hängt sich je zur Hälfte an die Decke und stützt sich über das untere Seil auf den Boden ab. Deshalb ist die Verformung auch nur halb so groß wie ohne Vorspannung. Dadurch nimmt die Zugkraft in der oberen Seilhälfte zu, in der unteren ab. Das untere Seil empfindet Druck als Abnahme von Zug, anders ausgedrückt: die Vorspannung ist ein Trick, um Druck in Zug zu wandeln oder Seile druckfest zu machen!

Wenn die Last auf das Doppelte gesteigert wird, hat der Druck die Vorspannung im unteren Seil aufgezehrt und es wird schlaff. Ab da hängt die Last wieder allein im oberen Seil. Aber – wie das Diagramm zeigt – sieht man an der Verformung, daß das Seil sich daran „erinnert", daß es vorgespannt war.

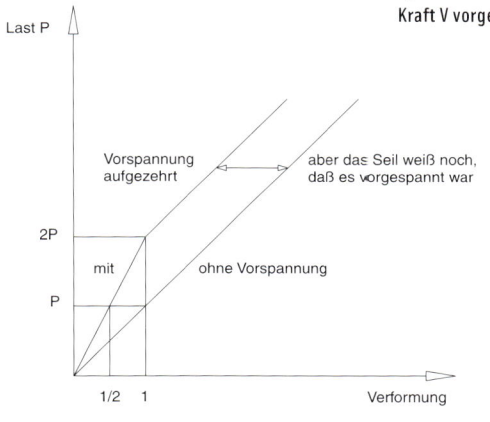

Das Prinzip der Vorspannung

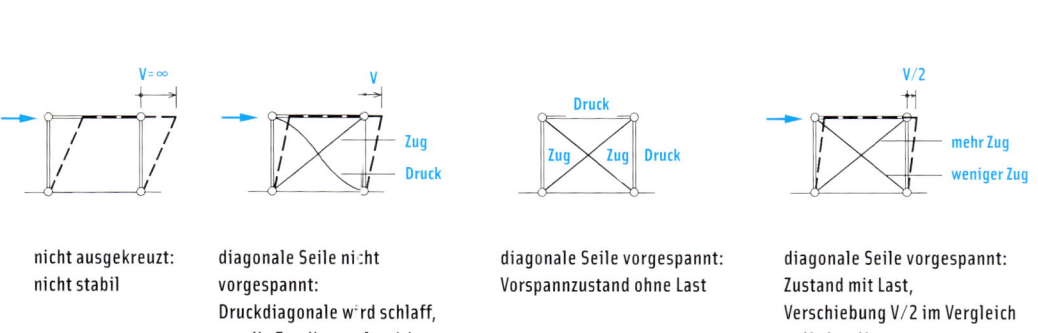

nicht ausgekreuzt: nicht stabil

diagonale Seile nicht vorgespannt: Druckdiagonale wird schlaff, nur die Zugdiagonale wirkt

diagonale Seile vorgespannt: Vorspannzustand ohne Last

diagonale Seile vorgespannt: Zustand mit Last, Verschiebung V/2 im Vergleich zu V ohne Vorspannung

Die Leichtbauprinzipien des Brückenbaus lassen sich auch auf den Hochbau übertragen, zur Überdachung von großen Sport-, Messe- oder Industriehallen. Das verleiht diesen Bauten einen eigenen Charakter und einen menschlichen Maßstab.

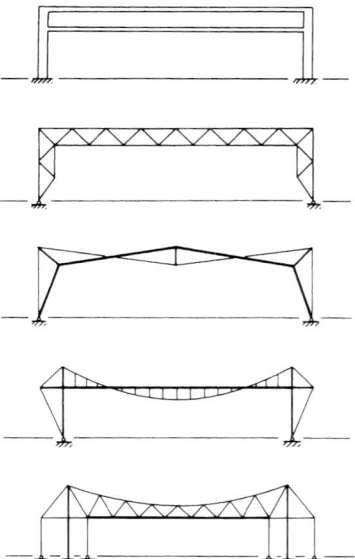

Da die Flächen zwischen diesen Seilbindern immer noch durch Träger überspannt werden müssen, was zu halbschweren oder halbleichten Dächern führt, drängt sich der letzte Schritt auf, *fünftens* die leichten Flächentragwerke aus doppelt gekrümmten Flächen mit reiner Axialbeanspruchung, Membranspannungen genannt (s. S. 91).

Diese Tragwerke sind nicht nur extrem leicht, sondern sie eröffnen der Architektur eine völlig neue Welt, deren unüberbietbare Formenvielfalt bis heute keineswegs ausgeschöpft ist. Wie die Brücken tragen sie ihre Lasten hauptsächlich über Druckkräfte ab – das sind die Schalen oder Stabkuppeln, oder über Zugkräfte, das sind die Seilnetze und die Membranbauten. Dazwischen verbleiben die ebenen Flächentragwerke, die Platten und Raumfachwerke.

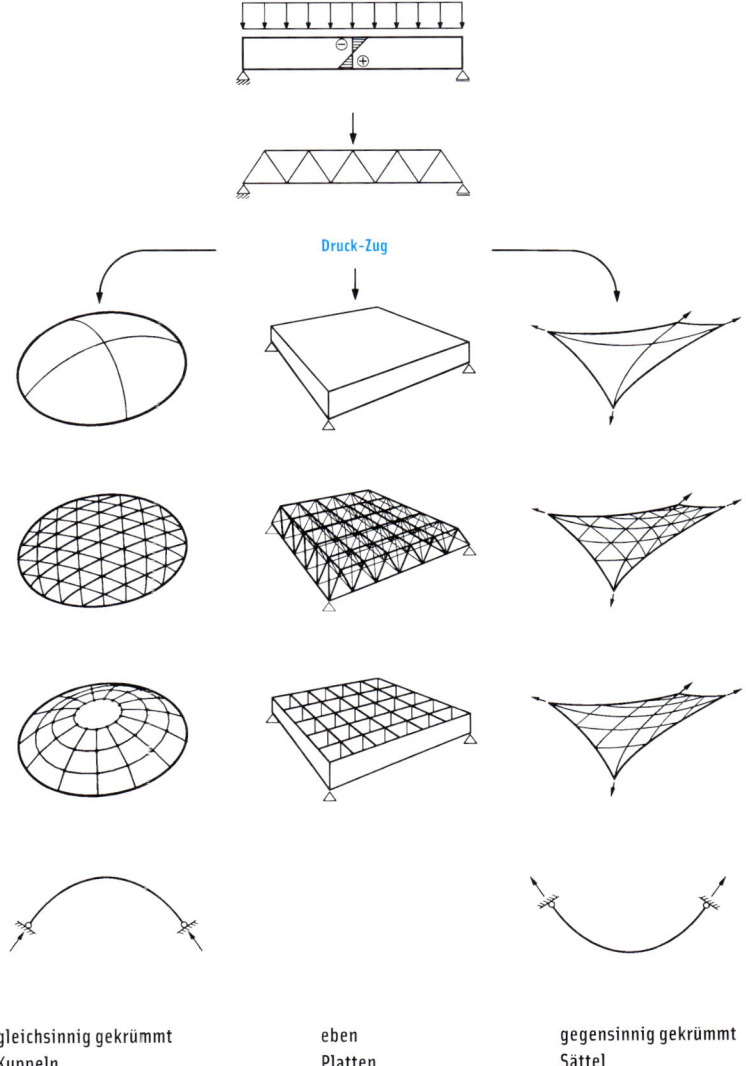

Druck-Zug

gleichsinnig gekrümmt
Kuppeln

eben
Platten

gegensinnig gekrümmt
Sättel

Entwicklung der Flächentragwerke

Trotz der extrem dünnen Wandstärken der Schalen und Gitter-
kuppeln gelingt es, sie durch ihre gekrümmte Form gegen das
befürchtete Knicken (hier Beulen genannt) zu stabilisieren und
ebenso die extrem leichten Seilnetze und Membranen durch Vorspannung vor Windschwingungen zu bewahren. Dazu werden
die zwei Hauptrichtungen der Netze und Membranen (wieder
nach dem Prinzip der Vorspannung) gegeneinander verspannt,
wodurch sie die typische Sattelform mit gegensinniger Krümmung annehmen. Werden sie pneumatisch mit innerem Luftüber-
oder -unterdruck vorgespannt, nehmen sie eine Kuppelform
mit gleichsinniger Krümmung an. Das ist mit den heutigen computergestützten Rechenverfahren alles beherrschbar.

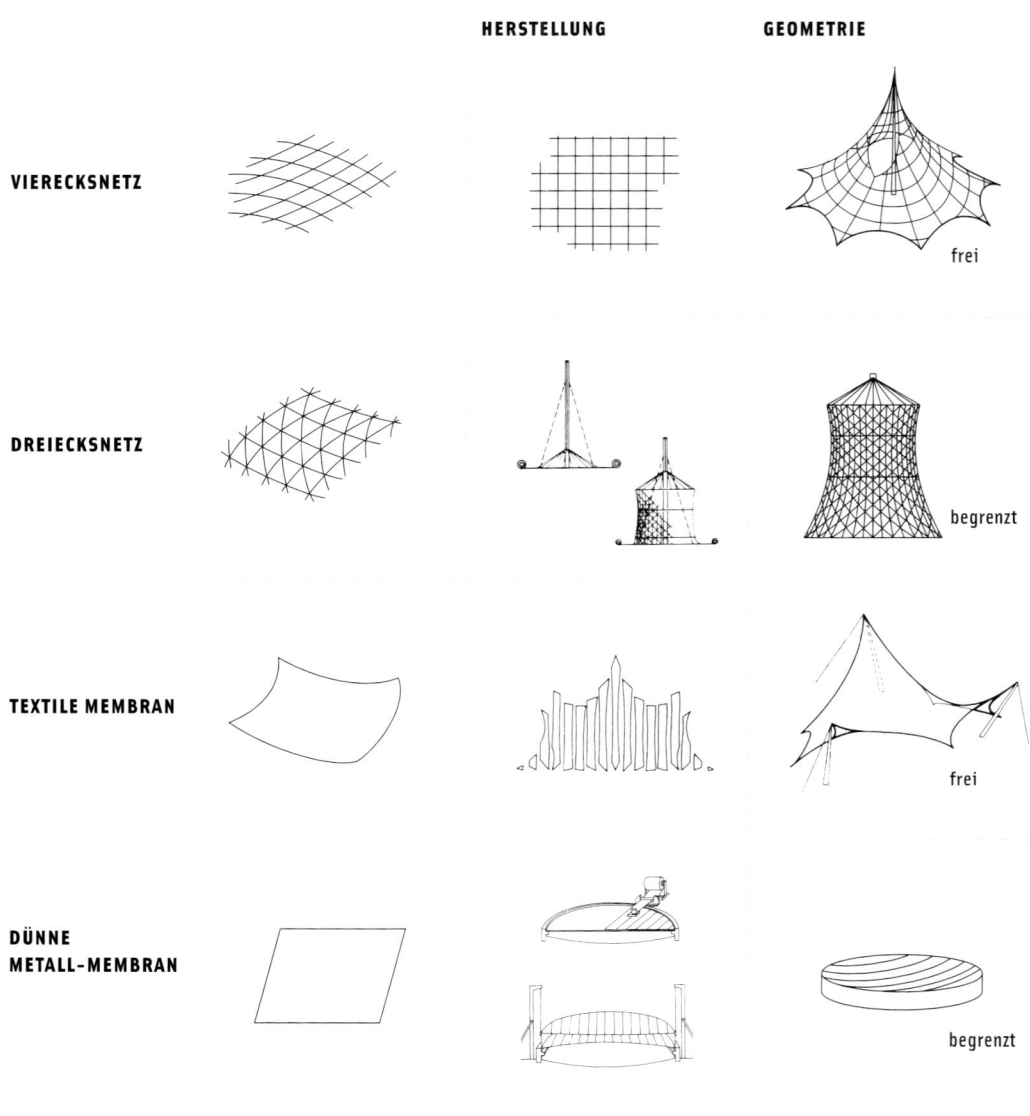

VIERECKSNETZ

frei

DREIECKSNETZ

begrenzt

TEXTILE MEMBRAN

frei

DÜNNE
METALL-MEMBRAN

begrenzt

Herstellung und Geometrie
(Tragverhalten) zugbeanspruchter
Flächentragwerke

An ihre Grenzen stoßen diese leichten Flächentragwerke viel eher aus fertigungstechnischen bzw., in Folge davon, Kostengründen. Diese gekrümmten Flächen sind schwierig herzustellen und benötigen dafür teure Schalungen oder komplizierte Zuschnitte. Die Details der zugbeanspruchten Netze und Membranen sind aufwendig und verlangen eine extreme Fertigungsgenauigkeit.

In letzter Zeit haben sich insbesondere die Bauten aus Seilen und textiler Membranen erfreulich durchgesetzt, wobei ihre Faltbarkeit gar für wandelbare Bauten genutzt wird. Das kennzeichnet den Beginn einer ganz neuen Ära des Bauens, die das Leben in unserem wechselhaften Klima grundlegend verändern wird. Die Zukunft hat gerade erst begonnen!

Das Leichte ist schwer, weil der Leichtbau alle Grenzen auslotet, die theoretischen der Statik und der Dynamik, die technologischen mit hochleistungsfähigen Werkstoffen und die fertigungstechnischen mit komplizierten dreidimensionalen Strukturen.

Den engagierten Ingenieur reizt der Leichtbau, weil er — exemplarisch für diesen Beruf — sein Wissen, sein Können und seine Erfahrung auf der einen und seine Phantasie und seine Intuition auf der anderen Seite gleichermaßen und gleichzeitig anspricht. Im Leichtbau kann er einer geistreichen und effizienten Konstruktion den adäquaten gestalterischen Ausdruck verleihen und so einen Beitrag zur Baukultur leisten.

Anhang

Projektchronologie

1986
Planungswettbewerb zur Internationalen
Gartenausstellung IGA 1993 für den Bereich
Rosensteinpark/Leibfriedscher Garten/
Wartberg/Killesberg. 1. Preisträger:
Planungsgruppe Luz-Egenhofer-Lohrer-Schlaich
mit dem Beitrag für den Turm im Höhenpark Killesberg

1987–1991
Weiterentwicklung und Detailplanung des Turms

1993
Stop des Projekts im Gemeinderat.
Der Verschönerungsverein der Stadt Stuttgart
versucht, Sponsoren und Spender zu gewinnen.
Er beschließt eine Beteiligung am Bau des Turms.

1993 April–Oktober
IGA ohne Turm

1994–1997
Trotz vieler Aktivitäten nur spärlicher Zufluß
von Sponsoren- und Spendengeldern.
Der Verschönerungsverein wird Bauherr.

1998
Neue Spendenaktion: Spenden von Stufen
mit Namensrecht

2000
Im August Baubeschluß und
im Oktober Spatenstich

17. Juli 2001
Eröffnung des Turms

Projektpartner

Planung und Bauüberwachung
Schlaich Bergermann und Partner
Beratende Ingenieure im Bauwesen, Stuttgart

Vermessungsarbeiten
Dipl.-Ing. Walter Köpf, Stuttgart

Fundamente
Wayss & Freytag Ingenieurbau AG, Stuttgart

Stahlbau, Fertigung und Montage
E. Roleff GmbH & Co. KG, Esslingen/Neckar

Geländer und Netze
Carl Stahl GmbH, Süssen
officium, design engineering, Stuttgart

Seile
Pfeifer Seil- und Hebetechnik GmbH, Memmingen

Design Wetterfahne und Infotafeln
Schuler Design Partner, Stuttgart

Planung und Überwachung der Außenanlagen
Luz Landschaftsarchitektur, Stuttgart

Ausführung der Außenanlagen
Garten- und Friedhofsamt der LH Stuttgart,
Ausbildungsbetrieb

Marketing und Kommunikation
avcommunication AG, Ludwigsburg

Autoren (alphabetisch)

Christoph Hackelsberger
Prof. Dr.-Ing., Freier Architekt und Publizist,
Neufraunhofen

Andreas Keil
Bauingenieur, Partner von
Schlaich Bergermann und Partner, Stuttgart

Andrea Kratz
Bauingenieurin, Mitarbeiterin von
Schlaich Bergermann und Partner, Stuttgart

Hans Luz
Prof. Dipl.-Ing., Freier Garten-
und Landschaftsarchitekt, Stuttgart

Wolfgang Müller
Dr. rer.pol., Stellvertretender Vorsitzender
des Verschönerungsvereins der Stadt Stuttgart

Fritz Oechßler
Forstdirektor a.D., Vorsitzender des
Verschönerungsvereins der Stadt Stuttgart

Manfred Schempp †,
Beitrag aus dem Jahr 1996
Dipl.-Ing., Vorsitzender des
Verschönerungsvereins
von 1992 bis 1996

Jörg Schlaich
Prof. Dr.-Ing., Bauingenieur,
seit 1980 Partner im Büro
Schlaich Bergermann und Partner, Stuttgart

Bildnachweise

S. 20 oben   F. Frommeld
S. 20 unten   Verlag P. Uebele
S. 21 mitte   Carl Schönwalter
S. 21 unten   Verlag G. Haufler
S. 22   Carl Schönwalter
S. 23   H. von Pechmann
       (Archiv Wolfgang Müller, Stuttgart)
S. 24   Schlaich Bergermann und Partner / Archiv
S. 29 – 35   Hans Luz
S. 31   Andreas Keller
S. 31 unten   Hans Luz
S. 35 unten Schuler Design Partner
S. 41 – 67   Zeichnungen und Fotos:
       Schlaich Bergermann und Partner / Archiv
       Außer:
S. 50, 51 und 53 aus dem Katalog: R. Graefe, M. Gappoev,
       O. Pertschi (Hrsg.): V.G. Suchov 1853 – 1939,
       Kunst der Konstruktion, Stuttgart 1990
S. 68 – 81   **av**communication AG, Günther Ahner
S. 82 – 93   Schlaich Bergermann und Partner / Archiv

Dank

Der Verlag dankt der Landeshauptstadt Stuttgart sowie den
Firmen Roleff, Carl Stahl und officium für die freundliche
Unterstützung dieses Buches. Besonderer Dank geht an die
Autoren, die Texte und Material zur Verfügung gestellt haben.

Impressum

Die Deutsche Bibliothek - CIP-Einheitsaufnahme
Türme sind Träume : der Killesbergturm von Jörg Schlaich. -
Ludwigsburg : av-Ed., 2001
ISBN 3-929638-51-7

Redaktion	Petra Kiedaisch
Gestaltung	Moniteurs, Berlin
Coverfoto	**av**communication AG : Günther Ahner
Coverplan	Schlaich Bergermann und Partner
Litho	**av**communication AG :
	Günther Ahner, Corinna Rieber
Produktion	**av**communication AG :
	Gunther Heeb, Manuela Bloss
Druck	Leibfarth und Schwarz,
	Rosenweg 7, 72581 Dettingen / Erms

© Copyright 2001 bei **av**edition GmbH, Ludwigsburg
Alle Rechte vorbehalten
ISBN 3-929638-51-7